PENSAR
DIFERENTE

PENSAR DIFERENTE

ABRA LA MENTE. FILOSOFÍA PARA LA VIDA CONTEMPORÁNEA

BLUME

ADAM FERNER

Este libro es el producto de numerosas conversaciones, tanto con los filósofos mencionados en estas páginas como con muchas otras personas. Mi editora, Lucy Warburton, me ha ayudado en todo momento dándome aliento y con su destreza en la edición, y Victoria Marshallsay ha hecho una edición y corrección de pruebas excelentes. Nathaniel Adam Tobias Coleman ha sido una fuente de inspiración intelectual. Elianna Fetterolf, Jonathan Nassim, Joanna Burch-Brown, Thomas Quinn, Senuthuran Bhuvanendra y Chris Meyns son algunos de los maravillosos lectores con los que he contado. Anna, Seb, Axa y la gente de The Platform me han ayudado a poner a prueba estas ideas. James Garvey y Liza Thompson me han ayudado a no perder el ánimo, Harriet y David han contribuido a confundirlo, y Emily, Viv, Mya, Flo y Luke han hecho un trabajo capaz de calmármelo. Estoy en deuda además con miembros de mi familia temporal y espacial y con amigos. Sobre todo, quiero darle las gracias a Esther McManus, quien, con su sabiduría e ingenio, me ha dado forma (y, por extensión, se la ha dado a este libro). Puedo decir con confianza que todos los errores que haya son míos. ADAM FERNER

BLUME

Título original *Think Differently*

Diseño e ilustración Stuart Tolley (Transmission Design)
Traducción Antøn Antøn
Coordinación de la edición en lengua española
Cristina Rodríguez Fischer

Primera edición en lengua española 2019

© 2019 Naturart, S.A. Editado por BLUME
Carrer de les Alberes,52, 2.º, Vallvidrera
08017 Barcelona
Tel. 93 205 40 00 e-mail: info@blume.net
© 2018 Quarto Publishing plc, Londres
© 2018 del texto Adam Ferner

I.S.B.N.: 978-84-17492-61-8

Impreso en China

WWW.BLUME.NET

MIXTO
Papel procedente de
fuentes responsables
FSC® C104723

Para Celia y Robin

CONTENIDO

01 FORMAS DE RELACIÓN

02 EL ESTILO DE VIDA

INTRODUCCIÓN

Seamos sinceros: a la filosofía no se le da muy bien lo de darnos respuestas. Durante, literalmente, miles de años, los filósofos han estado formulando las mismas preguntas de siempre sin llegar a ninguna solución real. ¿Tenemos libre albedrío? ¿Existe la inmortalidad del alma? Algunos dirán: «Algo así»; otros: «Probablemente no», pero la mayoría se limitarán a encogerse de hombros.

Sin embargo, esto no es un fallo de la filosofía. Algunas preguntas no tienen respuestas claras y rápidas, y, a menudo, el «encogimiento de hombros filosófico» es la única solución ante la confusión a la que da lugar nuestra enmarañada existencia. La filosofía no tiene como función la de hacer una lista de lo que es verdadero y lo que no. Se trata de sentirnos perplejos *de una forma útil*. De ver la complejidad y aceptarla. Ese es también el objetivo de este libro: ayudarle a sentir más perplejidad, desconcierto y fascinación por el mundo en el que vivimos y las personas con las que lo compartimos.

El libro cuenta con cinco capítulos, cada uno dividido en cuatro lecciones. En el primero, «Formas de relación», hablaremos de varias teorías e ideas sobre nuestras relaciones con los demás. ¿Está bien mentir? ¿Por qué discutimos? ¿Qué significa respetar a los padres? El capítulo 2, «El estilo de vida», gira en torno a las elecciones que conducen a nuestro estilo de vida y las razones que nos llevan a tomarlas. ¿Quiere casarse y tener hijos? ¿Por qué? Si es vegetariano, ¿no debería ser vegano? ¿El queso hecho de frutos secos es el mal? El tercer capítulo, «La autoayuda», se centra en el yo. Mi yo, su yo: ¿cuáles son los misterios del yo? ¿Qué le pasa al yo cuando morimos? ¿Son el producto de alguna perspectiva política determinada? (Cuidado, la lectura de este capítulo podría resultarle incómoda

«Solo existe un tipo de cobarde
en el mundo: el que no se atreve
a saber».
W. E. B. Du Bois

a aquellos que tengan propensión a la angustia existencial). «La sociedad» es el tema del capítulo 4. En él examinaremos cómo nos dividimos en grupos según criterios supuestamente «naturales» y hablaremos de las fuerzas ideológicas invisibles que moldean nuestra forma de pensar. El quinto y último capítulo, «El ocio», gira en torno a aficiones y pasatiempos, que van desde el cine de terror hasta los videojuegos. ¿No pasa nada porque disfrutemos de representaciones ficcionales de la violencia? ¿La creatividad es innata o aprendida? ¿Es objetivamente desagradable la Marmite?

En cada capítulo nos basaremos en la epistemología, la metafísica, la estética y la política contemporáneas para examinar temas *cotidianos*, porque la filosofía no debería ser solo una cuestión de oscuros problemas lógicos y reflexiones esotéricas. Debe tratar sobre nuestra vida y sobre cómo la vivimos.

CÓMO UTILIZAR ESTE LIBRO

Este libro está organizado en cinco capítulos y veinte lecciones que abordan los temas más actuales sobre la psicología conductual.

En cada lección se presenta un concepto importante,

y se explica cómo aplicar lo aprendido en la vida cotidiana.

A medida que avance por el libro, las HERRAMIENTAS le ayudarán a hacer un seguimiento de lo aprendido hasta el momento.

Las notas de PARA APRENDER MÁS, especialmente seleccionadas, le servirán para profundizar en aquellas cuestiones que más interés le hayan suscitado.

En CONSTRUIR+LLEGAR A SER creemos en el desarrollo de conocimientos que nos ayuden a movernos por el mundo. Dicho esto, sumérjase, bien paso a paso o digiriéndolo todo de una vez: lea como lea este libro, disfrútelo y empiece a pensar.

LA FILOSOFÍ
EL AZÚCAR
DONUTS, LO
ABSOLUTAM
TODO.

A, COMO
DE LOS
UBRE
NTE

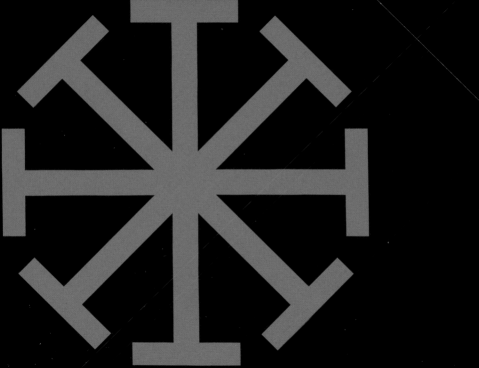

FORMAS DE RELACIÓN

LECCIONES

«Tanto moral como físicamente, solo existe un mundo, y todos tenemos que vivir en él».
Mary Midgley

En este capítulo vamos a ver lo que la gente del mundo empresarial llama «habilidades interpersonales», es decir, *las formas que tenemos de relacionarnos*. ¿Cómo interactuamos con los demás? Y, lo que es más importante, ¿puede ayudarnos la filosofía a contemplar mejores formas de hacerlo? Estas lecciones se centran en los comportamientos éticos que exhibimos –y en los que a veces no exhibimos– en nuestras relaciones cotidianas con otras personas. Ya sea en casa o en el trabajo, de compras o en el autobús, la forma en que interactuamos con otros seres humanos ejerce una fascinación infinita. Incluso el más rutinario de los encuentros puede beneficiarse de la investigación filosófica.

Digamos que, por ejemplo, está discutiendo con su colega sobre qué cenar, si pizza o curri. *¿Cómo está discutiendo? ¿Y por qué?* ¿Está dispuesto a cambiar de opinión? ¿Y si quiere llamar al trabajo para decir que está enfermo?, ¿habría algo de malo en mentirle a su jefe? Aun cuando no descubra que le ha mentido, ¿qué sucede cuando pervertimos la uve mayúscula? ¿La Verdad?

Y piense en todas las veces en las que le han dicho que tiene que respetar a sus padres. ¿Se trata de mera propaganda parental? Para saber si es un buen consejo, tendremos que averiguar qué es el «respeto», cuándo se da y si es apropiado.

La lealtad es una cuestión aparte. Cuando nuestros amigos nos critican delante de otras personas, pensamos que están siendo «desleales». Rara vez nos detenemos a pensar si lo que han dicho está justificado. Tal vez la deslealtad no sea algo tan malo...

En cada una de estas situaciones, el examen filosófico puede ayudarnos a entender lo que está sucediendo, y a discernir si podría ser o no ético y efectivo. Cada una de estas lecciones se puede leer de forma independiente, aunque lo cierto es que entre ellas existen vínculos nada triviales. Al final del capítulo, analizaremos lo aprendido y usaremos las herramientas filosóficas.

CÓMO DISCUTIR

Las discusiones son un deporte «sangriento»; así es como al fin y al cabo lo vemos muchos. Hablamos de participar en una «batalla de ingenio», de asestar «golpes mortales» o de ver «defectos fatales» en las posiciones de otras personas. Cuando hablamos del «tira y afloja» de un debate, estamos aludiendo a una tensión de fuerzas.

Todo esto, claro está, son metáforas. Aunque la situación pueda caldearse, no tendemos a tirotear literalmente a nuestro oponente en medio de una conversación. De hecho, las discusiones muchas veces son amistosas; no es raro disfrutar activamente del intercambio de réplicas y contrarréplicas de la misma manera que se puede gozar de un partido de pimpón. Y, al igual que en los deportes de competición, pensamos en las discusiones como en algo que podemos ganar o perder. Si hemos preparado bien la defensa y hablamos con la destreza suficiente, podemos vencer a nuestro adversario. Podemos deslumbrarlo a base de retórica, socavar sus premisas o, sencillamente, hacerle callar a gritos. Da un poco igual cómo lo hagamos: el objetivo, creemos, es triunfar.

Pero ¿es esto lo fundamental en una discusión?

La respuesta a esta pregunta depende, como es lógico, del contexto en el que se desarrolle dicha discusión. Si formamos parte de un equipo de debate que se prepara para una semifinal, se espera que haya adversarios y, en última instancia, un vencedor. Se anotan puntos. Hay un jurado que se pronunciará. Incluso podemos, si tenemos suerte, llevarnos un premio al final.

Por desgracia, no todas las discusiones son así: casi nunca volvemos a casa con una recompensa. Y, lo que es más importante, las discusiones a las que nos enfrentamos en la vida diaria rara vez están tan definidas ni son tan estáticas como en las competiciones.

Pensemos en la estructura de las discusiones. Están las «premisas», aseveraciones como: «Todos los humanos son mortales» o «Rebecca es humana». Y luego está la «conclusión» que se supone que se extrae de las premisas, por ejemplo: «Rebecca es mortal». En un debate competitivo, se nos asigna una conclusión preestablecida, como: «El dinero es malo», y se supone que tenemos que defenderla sin concesiones a la vez que socavamos a nuestro adversario (que ostenta el punto de vista contrario). Hay varias maneras de argumentar que el dinero es malo, pero, aunque los participantes en el debate desplieguen todo tipo de premisas, en última instancia, no pueden renunciar a su conclusión. Tienen que ceñirse a la postura que se les haya asignado. Si no lo hacen, no es posible determinar si el debate se ha ganado o se ha perdido.

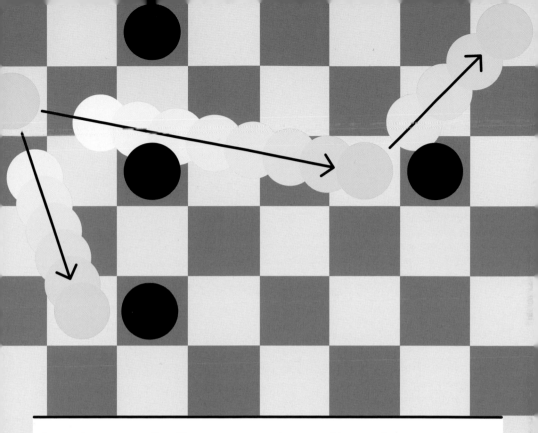

Pero ¿qué pasa con una discusión cotidiana, una que pueda darse en la oficina? El sinvergüenza de Jim sigue llevándose sus bolígrafos. Se queja y le dice lo molesto que es. Jim, en su línea, le responde que los bolígrafos son un pequeño precio que hay que pagar por tener el mejor lugar de la oficina (lo cual es cierto). Le dice que es una mínima molestia. Un lugar junto al dispensador de agua. Y el ventilador. Y los tentempiés.

Claro está que podría intentar ganar en esta discusión. Podría decirle que el sitio se lo han asignado. Él, sin embargo, se está llevando los bolígrafos con premeditación. No tiene razón. La discusión podría continuar, y ambas partes enumerarían sus pequeñas quejas y los argumentos por los que creen tener razón. Y tal vez saliera victorioso. Quizá, gracias a su destreza retórica y a su desarmante verborrea, lograra sacar de quicio al pobre Jim. Pero ¿habría resuelto algo el hecho de salir vencedor? ¿Podría acaso considerarse una victoria? Lo más probable es que Jim siguiera llevándose sus bolígrafos y que continuara resentido con usted por sentarse donde se sienta. Este es un contexto en el que el hecho de vencer o perder pasa a un segundo plano y en el que destaca otra función de las discusiones.

Las discusiones pueden ser útiles para solucionar problemas. Imagínese que, en lugar de tratar de vencer a Jim, intentase reconocer lo que haya de cierto en la postura de este y ajustar su propia postura como corresponda. ¿Tal vez podrían llegar a un acuerdo? ¿Acaso mover el dispensador de agua? ¿Podrían, quizá, comprarse más tentempiés?

LA VICTORIA POR MEDIO DE LA RESOLUCIÓN

Así las cosas, existen dos tipos de discusiones. Por una parte, aquellas que son como una especie de juego en el que se puede vencer o perder. Por la otra, las que suponen una forma de resolución de problemas o de exploración de ideas. En estas no hay ganadores *per se* y los participantes no pierden nada si reniegan de la postura que tuvieran al principio.

Tómese un momento para pensar en cómo suele discutir. ¿Discute para vencer? Esta es la actitud para la que mucha gente −desde filósofos hasta abogados y políticos− se prepara. Y es significativo que este enfoque ponga obstáculos tangibles a la comprensión. El juego requiere que se defienda un punto de partida, aun cuando haya pruebas para renunciar a él. Esto conduce a lo que podríamos llamar «pérdidas epistémicas»: un revés a lo que sabemos. Incluso en sus propios términos, vencer no es para tanto. Phyllis Rooney, en su artículo de 2010 «Philosophy, Adversarial Argumentation, and Embattled Reason» («Filosofía, argumentación antagonista y razón enfrentada»), lo explica bien:

«Yo pierdo en la discusión y el otro la gana [...]. Pero seguramente sea yo el que haya logrado una ganancia epistémica, por pequeña que sea. He sustituido una creencia que probablemente fuera falsa por una que probablemente sea verdadera, y el otro no ha obtenido tal ganancia [...]».

Cuando usamos las discusiones como una forma de resolver problemas, todos salimos ganando. El elemento central no es la defensa de una postura al precio que sea, sino la obtención de la comprensión, con suerte incluso del acceso a la verdad. Con todo, aún podrán plantearse objeciones y refutarlas, pero con un espíritu de colaboración y respeto mutuo (como veremos en la lección 3).

No se trata de una mera distinción académica. Es una consideración crucial. Las discusiones del primer tipo son agresivas y pueden impedir la comprensión. Las otras pueden generar soluciones y acuerdos. La discusión competitiva es estática, mientras que la discusión colaborativa es dinámica.

La próxima vez que presencie una discusión −ya sea una disputa familiar o un debate político−, piense en quién está ganando y quién está perdiendo. ¿Alguien intenta vencer? ¿Podría ser más productiva la discusión si los participantes dejasen de intentar anotarse puntos y empezasen a colaborar?

DIÁLOGO ABIERTO

POSTURA INAMOVIBLE

DECIR LA VERDAD

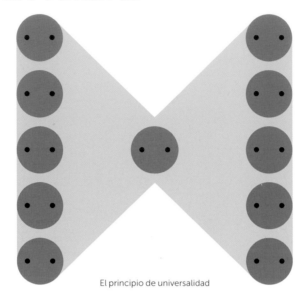

El principio de universalidad

Immanuel Kant fue un filósofo de una enorme ambición; en su libro de 1785 titulado *Grundlegung zur Metaphysik der Sitten* (*Fundamentación de la metafísica de las costumbres*) intentó delimitar la estructura de lo que veía como una realidad moral objetiva. Afirmó que hay hechos morales incontrovertibles: existen actos que siempre van a ser censurables (el vil asesinato). No se trata de una «cuestión de opinión» difusa y ambigua. Las verdades morales no dependen de nuestra perspectiva; son hechos que se dan allí donde estemos.

Fue esta realidad moral objetiva la que el filósofo tomó como punto de partida para elaborar el concepto de «imperativo categórico». Es una idea polifacética de lo que hay que hacer por *imperativo* categórico si queremos ser morales. Se trata de un concepto, de una única ley moral formal, aunque tiene diferentes formulaciones Para centrarnos

en los objetivos de este libro, nos limitaremos a las dos primeras. Para empezar, partiremos del principio de universalidad, que dice lo siguiente:

«Obra solo según una máxima tal que puedas querer al mismo tiempo que se torne ley universal».

Kant no es precisamente conocido por la concisión de su escritura, pero, en esencia, esta es una versión del «trata a los demás de la manera que te gustaría que te trataran a ti» que se encuentra en la mayoría de las religiones. Al actuar de cierta manera, debemos pensar si estaría bien que los demás actuaran así. Digamos que decidimos empezar a robarle las chocolatinas a alguien: ¿estaría bien si todos los demás hicieran lo mismo? ¿Cómo nos las arreglaríamos si todo el mundo anduviera siempre robándole las chocolatinas (o el dinero, o la vida) a los demás?

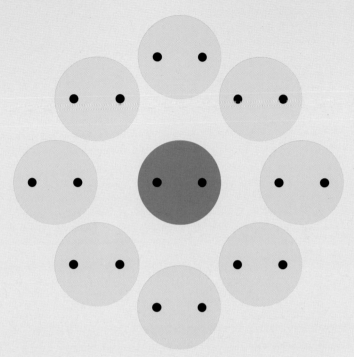

El principio de humanidad

La segunda formulación se conoce como «principio de humanidad» y establece, más o menos, que siempre se debe tratar a los demás como «un fin en sí mismo» en lugar de como un medio para algún fin propio. Al tratar con amigos y con desconocidos, siempre debemos tener en cuenta que tienen sus propias vida, con sus propias esperanzas y sueños (y ellos deben reconocer esa misma realidad en nosotros). En el centro del sistema ético de Kant está la idea de que debemos respetar la dignidad y la igualdad de los seres humanos. Si no lo hacemos, si usamos a los demás, cometemos una violación moral.

Imagine, por ejemplo, que quiere dejar en ridículo a un compañero de trabajo para impresionar a su jefe. Aun cuando no tuviera nada en especial contra este, no estaría reconociendo su humanidad; estaría tratándolo como un medio, no como a una persona. El sistema moral de Kant no está exento de inconvenientes. Por un lado, como ha señalado Lewis R. Gordon (y como se verá en la lección 13), Kant era un horrible racista, por lo que sus afirmaciones sobre la importancia del respeto universal a los seres humanos resultan, en el mejor de los casos, hipócritas. Por otra parte, su concepción es de un enorme formalismo. Al afirmar que hay una realidad moral objetiva, describe nuestro mundo ético en blanco y negro, sin ningún matiz.

Sin embargo, a pesar de estas fallas, su imperio categórico ha ejercido una enorme influencia, sobre todo porque aspira a desarrollar un sistema moral al margen de la teología. Su *Fundamentación* es un ejercicio de la mera razón, por lo que, tal y como dice, se dirige por igual a todos los seres humanos.

APUNTAR A LA VERDAD

Cuando mentimos, tenemos a nuestro alcance todo tipo de mentiras. Están las mentirijillas y las trolas, y, por lo general, creemos que unas son peores que otras. Si alguien me dice que no le gustan los espárragos pero en realidad sí que le gustan, no me importaría demasiado. Si me dijera que no ha matado a nadie cuando en realidad sí que lo ha hecho, la cosa cambiaría bastante. Hay mentiras que parecen más graves que otras.

Para Kant, sin embargo, todas las mentiras son igual de perniciosas, porque la mentira, como acto, viola la segunda formulación del imperativo categórico, el principio de humanidad. Para él, la dignidad y la igualdad humanas son de suma importancia. Nunca debemos tratar a los seres humanos, dice, como algo menos de lo que son: agentes libres y racionales con vidas excepcionales y autogobernables. Cuando le mentimos a un humano, dejamos de tratarlo de esta manera, porque le privamos de la capacidad de evaluar una situación con racionalidad y de responder a ella con libertad.

Pensemos en la siguiente situación (100 % ficticia). Ando corto de dinero y quiero ir al cine. Le pido a alguien que me preste 20 € y le digo que los necesito para pagar el alquiler (mentira), ya que pienso que es más probable que me preste el dinero así que si sabe que me lo voy a malgastar en tonterías. Como a quien le pido el dinero es un alma caritativa, me lo presta, y, acto seguido, me atiborro de dulces y veo por tercera vez algún lamentable éxito de Hollywood.

En esta situación, lo que he hecho ha sido engañar a alguien para conseguir mis propios fines. Le he sustraído la capacidad de evaluar la situación con racionalidad (privándole de hechos relevantes), y, así, he socavado su capacidad de elegir con libertad si darme o no el dinero. Estoy tratando a esa persona como un medio para alcanzar un fin en vez de como un fin en sí mismo, como un cajero automático en lugar de como a una persona.

Existen, claro está, casos más complejos. Tomemos la historia del loco del hacha que suele mencionarse en la literatura filosófica. Si nos pregunta dónde están nuestros seres queridos, ¿habríamos de mentir para salvarles la vida? Sin tanto melodrama, considere una situación en la que con una mentira podría evitar herirle los sentimientos a un amigo. ¿Habría que decir: «Todo va a salir bien» si no sabemos si será así?

La respuesta de Kant a este tipo de casos es célebre por su rotundidad. Lo que dice el filósofo es que no debe mentirse. Jamás. No es de extrañar, pues, que se le haya acusado de haber adoptado un enfoque de la teoría moral carente de sutileza. Al mismo tiempo, podemos ver en su planteamiento otro ejemplo de cierta ambición. Aunque piense que no debamos mentir, eso no significa que tengamos que dejar que el loco del hacha mate a nuestros seres queridos. Lo que debemos hacer es crear un mundo en el que o bien no existan estos locos o en el que no nos puedan formular preguntas. Y, de la misma manera, tenemos que tratar a nuestros amigos y nuestras amistades de modo que no nos veamos obligados a mentir para tranquilizarlos. Visto así, no parece una idea tan terrible.

SI LA LEALTA
UNA VIRTUD,
SERLO TAMB
LA DESLEALT

D ES
¿PUEDE
ÉN
AD?

EL RESPETO

Respetémonos los unos a los otros. Parece una buena regla general para las interacciones diarias. Lo de «amémonos los unos a los otros» no siempre puede aplicarse, ya que el amor no es algo que a la fuerza pueda activarse o desactivarse. Y «tolerémonos los unos a otros» no es mucho mejor; se toleran o se ignoran los malos olores, y tratar a la gente como a los malos olores es una pésima regla general: no fomenta la comprensión ni conduce a una vida armoniosa.

Pero ¿todo el mundo debe ser digno de respeto? ¿Y qué pasa con los racistas? ¿Y los homófobos y los sexistas? ¿Hemos de respetar a los que rezuman prejuicios? Si nos encontramos frente a un fanático que se dedica a lanzar peligrosos discursos de odio, supongo que nos va a costar «respetarlo». Entonces tal vez creamos que hay gente que no es digna de respeto.

Tal vez... Pero profundicemos un poco más en esta cuestión.

A menos que vivamos en una burbuja de cristal, lo normal es encontrarnos con personas con cuyas opiniones no estemos de acuerdo. Esto suele dar lugar a discusiones. Estas a veces se enconan porque, pese a que nos esforcemos, parece imposible llegar a un terreno común. No se llega a un acuerdo mutuo. No es que estemos en desacuerdo, es que pensamos que las opiniones de la otra persona son peligrosas y que deben tratarse como tal. Dicha persona piensa, por ejemplo, que la disposición genética de las mujeres las prepara para las tareas domésticas, y a nosotros nos parece una idea abominable y ridícula.

¿Cómo encajar entonces esto en la aparente sensatez del «respetémonos los unos a los otros»?

Para empezar, ¿qué es exactamente el respeto? Respetamos diferentes cosas de distintas maneras: la naturaleza (como el mar y su aterrador poder), y conceptos (tales como los límites de velocidad y la ley). La palabra *respetar* puede significar «no subestimar»: no subestimemos el poder del océano para hacer añicos nuestro barco. Puede ser una llamada a reconocer la importancia de algo, y las consecuencias de no hacerlo. Los límites de velocidad son un aspecto importante del reglamento de tráfico: si no los respetamos, pueden darse consecuencias negativas.

Y, por supuesto, también respetamos a las personas, aunque también de varias formas distintas. Si decimos que respetamos a Martin Luther King es probable que nos refiramos a que lo admiramos. Pero no todo el mundo es tan admirable. La idea de «respetémonos los unos a los otros» se vale de la palabra *respeto* en un sentido un tanto diferente. Su sentido se asemeja más al que hemos manejado en la lección 2; cuando respetamos a las personas, las tratamos como un fin en sí mismo. Las tratamos como entidades únicas que tienen valor en sí mismas. El filósofo político Kwame Anthony Appiah relaciona el respeto con la noción de dignidad humana. Sostiene que todos somos humanos con independencia de nuestras posturas políticas, y que es algo que tenemos que tener presente al relacionarnos con los demás. No es lo que *digamos* lo que genera el respeto, sino lo que *somos*.

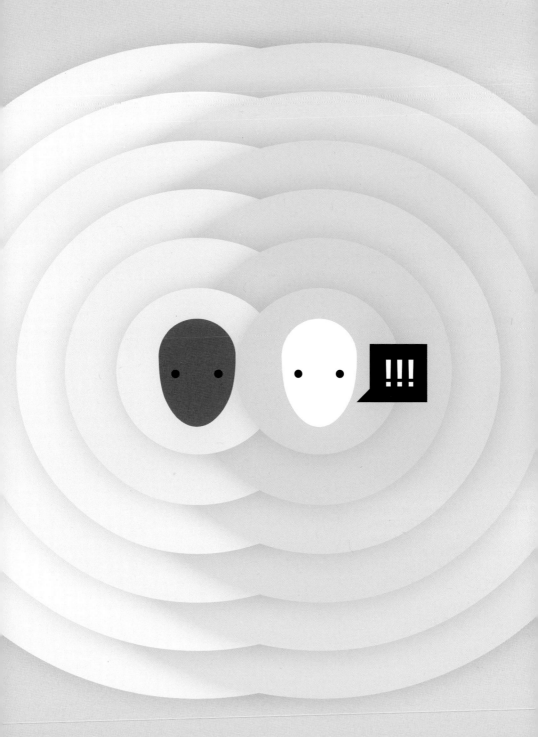

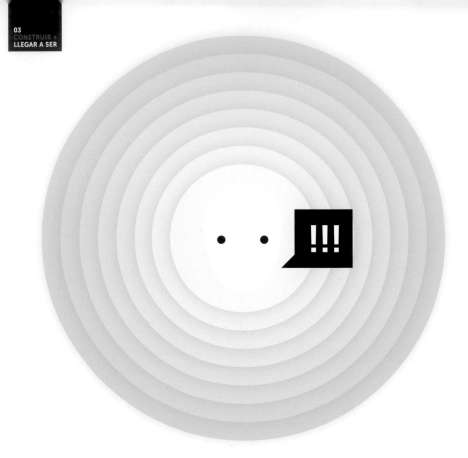

CON TODOS MIS RESPETOS,
PERO DISCREPO

Volvamos al fanático. Por muy indigno que parezca, sigue siendo un ser humano que posee dignidad humana. De hecho, es más que recomendable dejar de llamarle «fanático». No ayuda en nada. Pese a todas las cosas odiosas que pueda decir, sigue siendo digno de nuestro respeto (aunque no de nuestra admiración).

    ¿Qué implica esto en la práctica? ¿Qué tendríamos que hacer al estar ante una persona que diga atrocidades? ¿Gritarle? ¿Mofarnos de ella? ¿Tirarle frutas podridas? Según Appiah, no. Si respetamos a esta persona en un sentido filosófico, le hablaremos de sus ideas. En su ensayo de 2010 titulado «Relativism and Cross-Cultural

Understanding» («Relativismo y comprensión intercultural»), Appiah dice que es «mejor considerar que las creencias morales de los demás responden a razonamientos, porque tratar los puntos de vista morales de las personas como hechos puros y duros, es tratarlas con falta de respeto». Respetar a una persona significa verla como un ser humano, como un ser con capacidad de pensamiento y de autodeterminación, como un ser que responde a razonamientos. Como algo más que un subproducto de un entorno cultural. Como alguien capaz de evaluar los hechos y analizarlos, y llegar a conclusiones por sí mismo. Imagine que su abuela dice que ser gay es algo

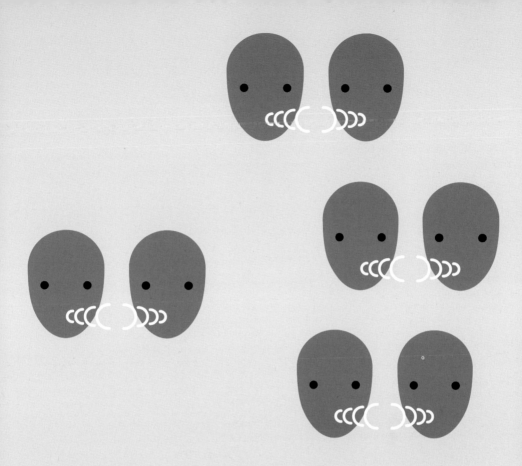

«perverso». Quiere a su abuela, aunque diga algo tan horrible.

Entonces, ¿qué hace? Bueno, por un lado podría limitarse a encogerse de hombros: «Es un producto de su tiempo», le dice a sus amigos. «No ha conocido otra cosa». Eso, según Appiah, sería tratar a su abuela con falta de respeto. Por supuesto, como todos, tiene razones muy arraigadas y culturalmente localizadas que le llevan a decir lo que dice. Pero su abuela también es humana. Tiene la capacidad de pensar, razonar y tomar decisiones por sí misma. Si la respeta, y la dota de dignidad humana, le explicará, del mejor modo posible, por qué es hiriente y erróneo decir

que ser gay es perverso. Sus ideas morales no son hechos puros y duros que la definan.

Cuando llamamos «idiota» a alguien o zanjamos una discusión, estamos siendo irrespetuosos, tratamos a nuestro interlocutor como alguien con quien no se puede razonar. Puede que ninguna de las dos partes sepa comunicar con eficacia las razones en las que se basen sus creencias. Lo que dice Appiah, sin embargo, es que es crucial concederle a la otra persona el beneficio de la duda y, a su vez, esperar que ella haga lo mismo con nosotros. Hemos de responder a razonamientos siempre que hablemos con alguien. Es al respeto en *este* sentido al que hay que apuntar cuando se discuta.

LOS LÍMITES DE LA LEALTAD

¿Cuándo ha sido la última vez que se ha sentido traicionado? Piénselo bien... ¿Ya lo tiene? Es una sensación horrible, ¿verdad? Hace que se nos revuelvan las tripas. Es de lo más triste descubrir que alguien en quien confiábamos ha abusado de nuestra confianza. La conexión que pensábamos que teníamos con esa persona se corta, tal vez de una forma irrevocable, y el tiempo, el esfuerzo y el amor que habíamos depositado en esa relación se convierten en un desperdicio.

La traición adopta muchas formas. Podemos traicionar a nuestra pareja saliendo con otras personas; podemos traicionar a nuestro país vendiendo sus secretos; podemos traicionar a nuestros amigos hablando mal de ellos a sus espaldas. También podemos traicionarnos a nosotros mismos si no cumplimos con los principios que creemos que debemos respetar.

Los efectos dañinos de estas traiciones pueden tener un gran alcance. Si traicionamos a nuestra pareja, ponemos en peligro la relación. También ponemos en peligro nuestras futuras relaciones: si hemos sido infieles a alguien a quien amamos, ¿quién dice que no volveremos a hacerlo? Dañamos nuestro estatus de persona «de fiar». La traición puede considerarse un indicativo de debilidad e inconstancia.

Los daños que provoca la traición es lo que explica que tengamos tantos términos condenatorios para los que la cometen: *falsario*, *felón*, *judas*, *rata*, *falso*... Y son esos daños los que nos llevan a pensar con frecuencia que la lealtad es buena. Josiah Royce, filósofo estadounidense que nació en el siglo XIX, escribió en su libro de 1908 titulado *The Philosophy of Loyalty* (*La filosofía de la lealtad*) que esta es «la devoción voluntaria, práctica y profunda de una persona a una causa». Podemos serle leales a ideales e instituciones. En fechas más recientes, la filósofa de la moral Marcia Baron ha señalado que lo más habitual es usar la palabra *lealtad* para referirnos a las relaciones *interpersonales*. Podemos serle leales a nuestra pareja si, a pesar de sentirnos atraídos por otra persona, no le somos infieles. Podemos ser leales a nuestros amigos si, a pesar de que nos presionen para que los traicionemos, guardamos silencio. Son acciones que tendemos a valorar y, por lo general, etiquetamos la lealtad como «una virtud».

La lealtad conlleva seguridad. Las personas nerviosas, por ejemplo, encuentran un considerable consuelo en la de sus parejas. Además, es positiva tanto para el que la ejerce como para el que la recibe. Si le somos leales a algo (a un club de fútbol, por ejemplo), nuestra relación con ese algo mejora. Nos identificamos con la institución, la persona o el principio al que le somos fieles. Si soy leal a mi familia y antepongo sus necesidades a las mías, es porque, en cierto modo, considero que mis propias necesidades están ligadas de forma inextricable a las suyas.

La lealtad, así las cosas, parece algo bueno. Pero *parecer* no es lo mismo que *ser*. ¿Estamos seguros de que la lealtad es una virtud?

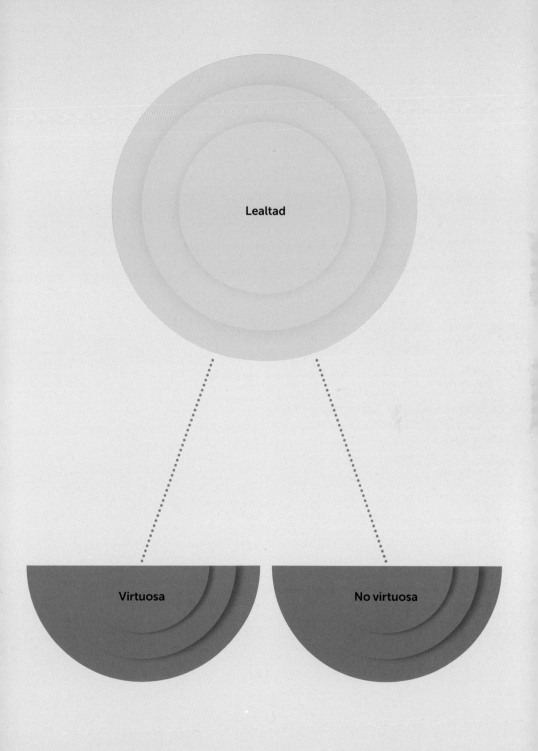

LEALTAD

DESLEALTAD

LOS VALORES DE LA DESLEALTAD

«La lealtad nos circunscribe a las opiniones aceptadas; la lealtad nos prohíbe llegar a comprender los motivos de nuestros compañeros disidentes [...]». *Graham Greene*

«Lo primero que quiero enseñar es deslealtad hasta que se acostumbren a dejar de usar la palabra lealtad como si fuera una virtud. Eso hará que surja la independencia [...]». *Mark Twain*

Hay, como atestiguan estas citas, algunas personas que tienen una postura más prudente con relación a la llamada «virtud de la lealtad». La idea general que articulan los novelistas Twain y Greene es que la lealtad es restrictiva. Socava nuestra independencia. Es una forma de control. Si bien los ejemplos que hemos visto antes nos muestran sus efectos positivos, hay muchos casos en

los que puede tener resultados un tanto más dudosos.

Pensemos, por ejemplo, en Akosua. Tras dos años de duro trabajo, no ha tardado en ascender a la categoría directiva. Quizá le haya ayudado de alguna manera uno de los socios de la firma: una bondadosa criatura llamada John. Un día, Akosua descubre que John ha estado pagándose lujosas comidas con la tarjeta de crédito de la empresa. Ha hecho mal, y Akosua lo sabe. ¿Debería denunciarlo? La gente como John suele basarse en el «sentido de la lealtad» para hacer que las personas menos poderosas que ellos no abran la boca. ¿Sería en este caso la lealtad algo realmente negativo?

No cuesta demasiado imaginar casos aún más preocupantes en los que quienes ostentan el poder se valen de la lealtad para silenciar a sus empleados y compañeros de trabajo.

Como señala Marcia Baron en *The Moral Status of Loyalty* (*El estatus moral de la lealtad*, 1984), hay numerosos casos de deslealtad que tienen efectos beneficiosos y que atacan instituciones cuestionables. No nos olvidemos de que la sociedad feudal, terriblemente desigual, se basaba en la idea de lealtad −hacia la reina o al señor−. Y es la deslealtad, o los «chivatazos», lo que permite que las industrias bien protegidas que se benefician de, por ejemplo, el trabajo esclavo, puedan ser llevadas ante la justicia. La deslealtad hacia presidentes, reinas y jefes de empresas puede sacar a la luz abusos de poder ocultos.

La lealtad, dice Baron, puede obstaculizar la justicia. Es una fuerza disuasiva que nos anima a no cuestionarnos ciertas cosas. Este compromiso absoluto con una persona o causa anula la capacidad de criticar los objetos de su lealtad de una manera efectiva. Las consecuencias de tal fidelidad pueden ser horrendas. Tomemos, por ejemplo, a los soldados alemanes que fueron irreflexivamente leales al Tercer Reich, o a los ciudadanos británicos que sirvieron con una lealtad inquebrantable al imperio y a sus actividades coloniales explotadoras.

Huelga decir que la lealtad puede evitar que hagamos el mal. Puede impedir que le seamos infieles a nuestra pareja. Sin embargo, también puede proteger a los que hacen el mal. Así, por ejemplo, permite a las empresas continuar con sus negocios dudosos y deja a las personas expuestas a la explotación. La lealtad puede conllevar efectos tanto positivos como negativos, y, curiosamente, puede decirse lo mismo de la deslealtad. Si la lealtad es una virtud, ¿puede serlo entonces también la deslealtad?

HERRAMIENTAS

01

La mayor parte del tiempo discutimos como si fuera una competición en la que pudiéramos ganar o perder, mientras que la discusión colaborativa tiene unas ventajas claras. Dos cabezas piensan mejor que una.

Punto de reflexión ¿Piensa con más atención cuando discute para ganar?

02

Cuando le mentimos a alguien, le privamos de su capacidad de razonar, así que, según Kant, siempre hay que decir la verdad (incluso cuando nos enfrentemos a un criminal con un hacha).

Punto de reflexión Si lo que importa es la razón, ¿no pasa nada si le mentimos a alguien que tenga una discapacidad mental grave?

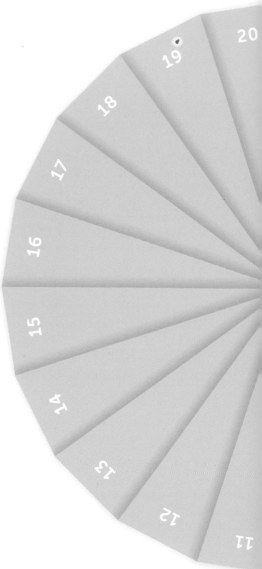

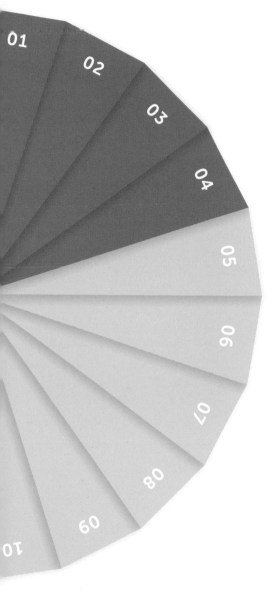

03

El respeto puede significar tanto admiración como reconocimiento de la dignidad humana. En el segundo caso, implica ver a la persona como alguien que responde a razonamientos. **Punto de reflexión** ¿Cuándo ha sido la última vez que un fanático le ha hecho cambiar de opinión?

04

Aunque la lealtad puede mejorar nuestras relaciones con otras personas (y con los clubes de fútbol), hay veces en las que la deslealtad puede ser muy valiosa para exponer sistemas de explotación. **Punto de reflexión** ¿Pueden darse casos en los que la lealtad sea más importante que la justicia?

PARA APRENDER MÁS

LECTURAS

«Two Kinds of Respect»
Stephen Darwall, en *Ethics* (1977)

«Loving Your Enemies»
Martin Luther King (1957)
www.kingencyclopedia.stanford.edu/encyclopedia/
documentsentry/doc_loving_your_enemies.1.html

«Relativism, Persons, and Practices»
Amelie Rorty, en *Relativism: A Contemporary Anthology* (Colombia University Press, 2010)

PODCASTS

«Political Distrust» (episodio 13), The UnMute Podcast
Presentado por Myisha Cherry con Meena Krishnamurthy. ¡Escuche The UnMute Podcast! Está repleto de fascinantes debates, todos conducidos por la excelente Myisha Cherry.

AUDIOVISUALES

Beau Travail
Dirigida por Claire Denis, este impactante e inquietante filme sobre la vida en la Legión Extranjera Francesa muestra algunas de las complejas maneras en las que se entrecruzan la mentira, el respeto y la lealtad.

Fargo
Fargo, de la FX, e una extraña serie televisiva de humor negro en la que se examinan las mentiras y traiciones que se producen después de que un vendedor de seguros, Lester Nygaard, cometa un asesinato.

Wi-Phi
«Wireless Philosophy» es un fantástico recurso gratuito en línea con vídeos cortos que abordan una amplia gama de temas políticos y filosóficos.

VISITAS

How the Light Gets In
El festival anual de filosofía y música de Hay-On-Wye reúne a filósofos, políticos, novelistas y músicos para discutir toda suerte de cuestiones, desde la angustia existencial hasta las paradojas de Zenón. Sin duda, vale la pena acudir a la cita.

EL ESTILO DE VIDA

LECCIONES

> «Vivir no es solo ganarse la vida, y, si no se tiene el hábito de pensar en ello, uno puede acabar siendo de mediana edad, o incluso mayor, y sorprenderse al darse cuenta de que su vida parece vacía».
> *Martha C. Nussbaum*

De vez en cuando nos enfrentamos a grandes decisiones vitales: ¿debería casarme?, ¿debería tener hijos?, ¿debería comer carne? Y también a otras más pequeñas: ¿debería comprar ese par de zapatillas nuevas a pesar de que las viejas apenas están usadas? Nuestras respuestas a estas preguntas constituyen nuestro estilo de vida. Y ese es el tema en torno al que gira este capítulo.

La mayor parte del tiempo, si estamos pensando en casarnos o en tener hijos, la pregunta no es si lo haremos, sino cuándo lo haremos. ¿Debería casarme con esta persona ahora? ¿Estoy en una etapa de mi vida en la que pueda cuidar a un bebé llorón? Este capítulo tiene por objetivo la reflexión de esas preguntas que empiezan con un «si»: si debería casarme o no, si debería tener un hijo (y, de ser así, ¿cuándo?). También hablaremos sobre otras actividades más rutinarias. La mayoría de la gente come carne y va de compras a diario; ¿qué dilemas éticos provocan estos actos? Si no comemos carne, ¿qué podemos comer? ¿Son todas las «mercancías» tan honestas como parecen a primera vista?

Algo que sí quedará claro en las páginas siguientes es que todas estas preguntas están interrelacionadas. Ser vegetariano no se limita al tipo de comida que nos llevamos a la boca; se trata de la ropa que compramos y de a quién votamos. Asimismo, la decisión de tener un hijo puede tener tantos efectos y consecuencias ambientales como la agricultura industrial. Esta idea de que no existen zonas independientes en cuanto a las cuestiones de tipo ético se encuentra en el trabajo de filósofos de todos los tiempos, desde Aristóteles hasta Patricia Hill Collins. Es importante tenerla presente a lo largo de las siguientes lecciones.

EL MATRIMONIO

Existe un sinfín de motivos para casarse. Usted y su pareja están locamente enamorados. Quieren anunciar su compromiso el uno con el otro mediante la celebración de uno de los rituales de amor más antiguos de la historia de la humanidad. También le gustan las desgravaciones fiscales: una de las muchas ventajas prácticas de las que disfrutan las parejas casadas. Entre otras prestaciones, se incluyen la mejora de la situación social y la adquisición de ciertos derechos legales (relacionados con las herencias y las visitas al hospital). La obtención de visados es otro de los motivos para casarse. Y, si eso no fuera suficiente, se puede pensar en los vestidos elegantes y las comilonas de los banquetes.

Vistas en conjunto, estas razones pueden parecer persuasivas, pero ¿qué pasa si las tomamos de forma individual? Imagínese que le pregunta a una futura esposa por qué se casa y que ella contesta: «Por las desgravaciones fiscales». El futuro esposo añade: «Y por mi visado». ¿Eh? Ninguna de esas respuestas parece formar parte del «espíritu» del matrimonio: lo que están haciendo es contemplar esta ancestral institución como una forma de obtener beneficios prácticos. Si le preguntamos a alguien por qué se está comiendo una manzana y nos responde: «Porque tiene pocas calorías», estaría claro que es mejor que se coma una galleta de arroz. Pero si nos respondiera: «¡Porque me *encanta* el sabor de la manzana!», no podríamos objetar nada.

Los filósofos suelen separar las cosas en bienes *intrínsecos*, es decir, los que son esenciales para una actividad, y *extrínsecos*, los que no lo son. Las desgravaciones fiscales, las fiestas, los anillos y los pasteles de boda son bienes *extrínsecos*, y, si bien pueden constituir razones para casarse, también

podrían hacerlo para, por ejemplo, formar una pareja de hecho. Son «añadidos».

Clare Chambers, una filósofa de Cambridge, sugiere que el matrimonio es una institución en la que se participa principalmente por el significado que conlleva. Al margen de los añadidos, el matrimonio tiene algo que se considera valioso. En su ensayo de 2003 titulado «The Marriage-Free State» («El estado amatrimonial»), dice lo siguiente:

«Las parejas pueden casarse con objeto de obtener varios beneficios prácticos, pero un aspecto clave de la mayoría de los matrimonios es la manifestación que las parejas hacen sobre su relación. Para la pareja que va a casarse, y para la sociedad en general, el significado simbólico del matrimonio tiene al menos la misma importancia que sus aspectos prácticos [...]. Así las cosas, es imposible eludir la historia de la institución. Su estatus de tradición vincula su significado actual a su pasado».

Por lo tanto, hay quienes piensan que el matrimonio es valioso en sí mismo —por lo que significa—, y, como indica Chambers, su significado es una función de los procesos históricos y culturales que produjeron la tradición. La ceremonia de boda es un ejemplo de cómo el matrimonio puede proporcionar un rico léxico —de gestos y ritos simbólicos— con el que una pareja puede declarar su amor y compromiso mutuos ante la sociedad y (en función de sus inclinaciones religiosas) ante Dios. Se trata, pues, de elementos intrínsecos a la tradición ancestral.

Todo parece bien... hasta que observamos con más atención la historia. ¿Qué es lo que aceptamos en realidad cuando decimos: «Sí, quiero»?

EL DESARROLLO DE NUEVAS TRADICIONES

Clare Chambers describe en su ensayo el pasado preocupante del matrimonio. Por desgracia, se trata de una institución que ha dado lugar a numerosas violaciones de los derechos humanos, sobre todo contra los de las mujeres. Filósofos e historiadores, desde Simone de Beauvoir hasta Ralph Wedgewood, han analizado y descrito cómo, desde sus inicios, el matrimonio ha interpretado a la mujer como una mercancía sujeta al intercambio. Las novias son consideradas como moneda de cambio, utilizadas para afianzar vínculos ventajosos entre las familias, y, por supuesto, para la producción de herederos.

Huelga decir que podemos pensar que la institución ya no funciona de esta manera. En la actualidad, el matrimonio entre personas del mismo sexo goza de un reconocimiento muy amplio, por no decir universal. Además, ¡las mujeres pueden conservar el apellido de solteras si quieren! Claro −podríamos seguir decidiendo−, todo el asunto solía ser bastante sospechoso, pero las instituciones pueden *cambiar*. Hubo un tiempo en el que la democracia occidental le negaba el derecho al voto a la mujer. Ahora es diferente. ¿No puede decirse lo mismo del matrimonio?

La tesis central de Chamber es que la mayoría de la gente ve el matrimonio como algo valioso a causa de su *significado simbólico* (en lugar de por los añadidos). Les interesa su estatus como *tradición*, y es esto, curiosamente, lo que pone su pasado problemático en primer plano. No es algo que pueda ignorarse.

Piense en el simbolismo que impregna toda la ceremonia de la boda. El padre de la novia «entrega» a su hija. Si embargo, en el curso normal de las cosas, solo entregamos cosas que poseemos, y no tendemos a poseer personas. El sacerdote oficiante le dice al novio «ahora puede besar a la novia», pero no se tienen en cuenta los deseos de esta, no se le da la oportunidad de negarse.

¿Qué hay del vestido blanco, que se supone que simboliza la virginidad de la novia? Según indica el vestido, las mujeres no deberían tener relaciones sexuales antes del matrimonio. Un tanto desacertado, por no decir injusto, sobre todo porque a los hombres no se les aplica la misma regla. Y piense en la tradicional exclusión de las parejas del mismo sexo, que está estrechamente entrelazada con el tono heterosexista de los ritos matrimoniales.

Cuando las personas se casan porque valoran la tradición, podría inferirse que aprecian estas preocupantes asociaciones simbólicas. Filósofas como Clare Chambers y Elizabeth Brake sugieren que deberíamos reevaluar nuestra actitud hacia el matrimonio. Como ya indica el título de su ensayo, Chambers aboga por un «estado amatrimonial». Sostiene que, mediante la creación de nuevos acuerdos legales, podremos disfrutar de obtener los beneficios de los añadidos (fiestas, desgravaciones fiscales, etc.) sin la violencia simbólica. Brake mantiene una postura un tanto distinta. En su libro de 2011, *Minimizing Marriage* (*Minimizar el matrimonio*), aboga por conservar el término *matrimonio* pero, de forma subversiva, para hacer referencia a todas las relaciones de cuidado y protección entre adultos con vínculos legales.

El matrimonio es una institución antigua y muy aceptada. Como tradición, es popular y ubicua. Lo que Chambers y Brake nos animan a preguntarnos es si debería ser así y con qué podríamos sustituirlo.

TENER HIJOS

No se puede negar: los bebés, con esas caras regordetas y esas pequeñas manitas pueden ser muy adorables. Claro está que tienen sus desventajas —no hablan ni usan el baño y son propensos a vomitar—, pero, en conjunto, nos gustan. De hecho, a mucha gente le gustan tanto que intenta tener uno.

No es difícil entender por qué los humanos somos tan aficionados a la procreación. Por un lado, lo hemos estado haciendo desde... bueno, desde siempre. Desde el principio de los tiempos. Puede ser el resultado de un célebre y placentero pasatiempo, y es algo que se espera, ¿no? Al igual que morir, crear a nuestro propio hijo se ve como una parte inevitable de la vida humana. Encontrar pareja y tener hijos. Así son las cosas. Además, son adorables. ¿Lo he dicho ya?

A la gente le encantan los bebés, y a los filósofos, como es lógico, les fascina hablar de ellos.

Tomemos, por ejemplo, el proyecto de la Universidad de Southampton llamado BUMP (Better Understanding the Metaphysics of Pregnancy), cuyas siglas, con acierto, significan «bombo». Creado en 2016, el grupo de investigación de Elselijn Kingma analiza los rompecabezas metafísicos a los que da lugar el embarazo. ¿Es el feto parte de la madre? ¿Y qué pasa con el huevo? ¿En qué momento se convierten en entidades distintas? ¿En qué momento empieza a existir en realidad el bebé?

También está la perspectiva epistemológica. ¿Qué rompecabezas plantean el embarazo y la procreación para la producción de conocimiento? En su fascinante artículo «Mother Knows Best»

(«La madre lo sabe mejor que nadie»), Fiona Woollard sugiere con gran poder de persuasión que las mujeres que han experimentado el embarazo tienen un conocimiento privilegiado del que carecen las demás. Woollard dice que se trata de un acontecimiento con una fenomenología especial. No hay fenómeno comparable al «misterio de vivir con los ritmos de dos latidos de corazón entrecruzándose» (como Chitra Ramaswamy dice en su libro de 2016 titulado *Expecting* [*Esperar un bebé*]). El embarazo es una experiencia que expande la mente.

La epistemología del embarazo también nos conduce a la esfera de la ética. Una afirmación central en el ensayo de Woollard es que, en virtud de su perspectiva excepcional, las madres tienen una contribución particular que hacer a los debates políticos sobre el embarazo. Hay algo relevante que estas mujeres saben, y que otras personas no, que tiene que ver con cómo se debate sobre el aborto. Si no sabemos qué se siente en el embarazo, ¿cómo podemos pedirle a ninguna mujer que siga embarazada en contra de su voluntad? ¿Cómo pueden los hombres tener opiniones fundamentadas sobre estas cuestiones?

Hay madres dando a luz cerca de nosotros todo el tiempo —alrededor de 353 000 cada día—, y tal vez sea fácil olvidarse de cuán maravilloso y fascinante es en realidad. Ahora mismo, mientras lee esto, en algún lugar..., ¡pum!, otro bebé, y, pum!, otro, y, ¡pum!, otro más: ¿no es increíble? ¿Y un poco abrumador?

LOS PROBLEMAS DE LA EXISTENCIA

Los bebés son adorables, y el embarazo resulta muy interesante desde el punto de vista filosófico. Pero ¿hay algún rompecabezas ético relacionado con la creación biológica de los bebés? Los filósofos Tina Rulli y David Benatar, así como Lee Edelman, teórica de lo *queer*, responderían afirmativamente a esa pregunta.

En su libro de 2004 titulado *No Future* (*No al futuro*), Eldelman sugiere que las razones que solemos aducir para la procreación tienen poco que ver, por lo general, con los bebés en sí. Piense en los motivos que podrían llevarle a querer crear su propio hijo. Bueno, podría decir, los bebés son adorables. Además, tener un hijo o una hija puede darle sentido a la vida. Cambia nuestra perspectiva del mundo. Tener un bebé es también una expresión profunda de amor por nuestra pareja (¡la ama tanto que quiere que sus ADN se mezclen!). Todo bien, pero esas razones le confieren una dimensión *instrumental* al bebé. Es decir, ese bebé imaginado se concibe como un medio con el que obtener un fin, ya sea la mejora de su propia vida o la de su pareja o de la sociedad en general.

Cuando pensamos en tener hijos, no podemos evitar pensar en ellos en términos instrumentales. ¿Por qué? *Porque no existen* (hablaremos más sobre la existencia en el capítulo 3). Sus esperanzas y deseos no pueden influir en nuestra decisión de procrear, porque lo que no existe no tiene esperanzas ni deseos. Imagínese a unos futuros padres diciéndose lo que su futuro bebé querrá de la vida: ser médico, por ejemplo. Sonaría extraño,

¡porque aún no hay nada a lo que se le puedan atribuir los deseos! No es de extrañar, entonces, que en lo tocante a la procreación, todo gire en torno a las esperanzas y los deseos de lo que sí existe (como nosotros mismos).

Tina Rulli, filósofa de la University of California, nos anima a pasar más tiempo pensando en los niños que ya *existen*. En su artículo de 2016 titulado «The Ethics of Procreation and Adoption» («La ética de la procreación y la adopción»), señala que hay niños que pueden adoptarse o acogerse y cuya vida mejoraría enormemente si tuvieran el hogar estable en el que pensamos mantener a nuestra descendencia, aún inexistente. Propone que existe una obligación moral, relativamente poco controvertida, de cuidar a las personas que ya están sufriendo en lugar de crear nuevas personas en las que tener que invertir esas energías. Es muy sencillo de comprender: si hay un bebé triste al que podamos ayudar, ¿por qué centrarnos en crear uno nuevo?

Este debate, claro está, tiene otras dimensiones, pero la cuestión que se plantea es importante. ¿Por qué crear biológicamente a un hijo propio en lugar de acoger o adoptar uno? ¿Es porque queremos un bebé que se parezca a nosotros? ¿Es porque tenemos una inclinación natural a procrear? ¿Nos preocupa que los niños de acogida tengan algún tipo de problema? ¿Alguna de estas razones triunfa sobre el principio moral de Rulli según el cual es mejor cuidar de los vivos que crear un nuevo destinatario de nuestro amor?

¿SE PUEDE E
DE NOSOTRO
HAGAMOS AL
NO SE PUEDA

SPERAR
S QUE
GO QUE
HACER?

COMER CARNE

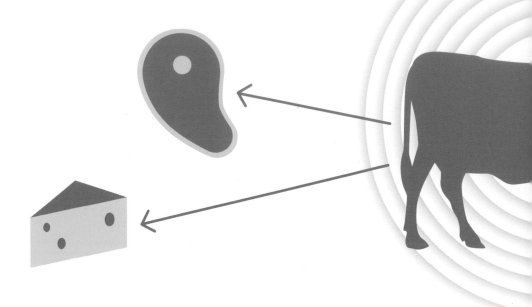

En 1975, el filósofo de la moral australiano Peter Singer escribió un libro titulado *Animal Liberation: A New Ethics for Our Treatment of Animals* (*Liberación animal*). No tardó en convertirse en uno de los textos filosóficos más conocidos e influyentes del siglo xx. Una de las razones fue un argumento que incluyó Singer contra las hamburguesas.

De acuerdo, vale, no es *solo* contra las hamburguesas, sino contra un montón de otros alimentos apetitosos. *Nuggets* de pollo. Pato asado, ternera y caviar. Carne de buey, pastel de carne y panceta. Lo que dice es que deberíamos de dejar de comer todo eso.

Singer toma como guía filosófico al reformador social del siglo xviii Jeremy Bentham, uno de los fundadores del movimiento filosófico conocido como «utilitarismo». El principio central del utilitarismo, en el que se basa Singer, es que debemos hacer lo que *cause el mayor bien y reduzca el mayor sufrimiento*. Parece una regla general bastante clara, ¿verdad? El sufrimiento está mal, y minimizarlo parece una buena idea.

La principal innovación de Singer fue la combinación de este principio moral con una crítica de algo llamado «especismo», que es el prejuicio que manifiestan ciertas especies (sin señalar a nadie, *Homo sapiens*…) hacia seres de otras especies. No es difícil que nos impresione, como le pasó a Singer, la idea que prevalece en las culturas algonquina e iñupiaq según las cuales los humanos son parte de un continuo en la naturaleza, del mismo modo que los demás animales. Según Singer, no existe ningún motivo *real* por el que podamos creer que somos poseedores de privilegios particulares gracias a la especie

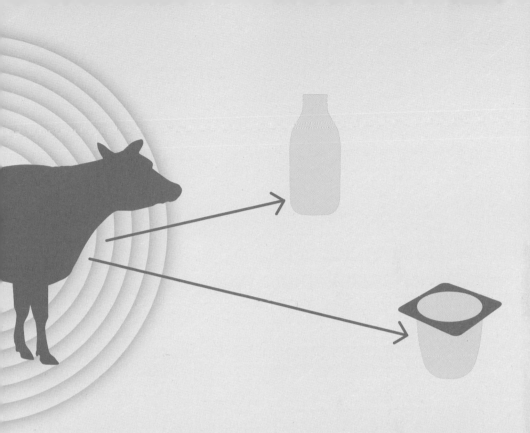

a la que pertenecemos. Y esto se aplica tanto a la esfera moral como a cualquier otra.

Su conclusión es que los animales no humanos no deberían ser tratados como «relojes de cuerda» (a pesar de lo que dicen los cartesianos). Sienten *dolor* y *placer*. Pueden *sufrir*. Y su capacidad de sufrimiento es relevante desde el punto de vista moral. Cuando hacemos nuestras ecuaciones utilitarias, sumando lo bueno y lo malo, hemos de tener en cuenta el sufrimiento de las vacas, de las ovejas y de todas las demás criaturas que servimos a la mesa.

«La pregunta no es −como señaló el propio Bentham− "¿pueden razonar?", ni tampoco "¿pueden hablar?", sino "¿pueden sufrir?"». La respuesta, según Singer, es un SÍ categórico. Y es difícil no estar de acuerdo. Muchos hemos visto esos desagradables documentales sobre

cómo se hacen las hamburguesas. Sobre cómo se cría el pescado. Las horribles condiciones de vida de los pollos de engorde. El sacrificio del ganado. Aunque, huelga decirlo, obtenemos una cierta cantidad de placer al comer carne, según Singer no es suficiente como para que la balanza se incline hacia el lado del maltrato a los animales no humanos.

Hay puntos a favor y en contra de la postura de Singer, y, como él mismo señala, sus argumentos han tenido un efecto mucho menor de lo que esperaba (basta con mirar la continua expansión de la industria de la comida rápida). Sin embargo, sigue habiendo algo profundamente poderoso en las ideas desarrolladas en *Liberación animal*, y algo perturbador en la facilidad con la que excluimos de nuestros cálculos morales a los seres de otras especies.

¿POR QUÉ NO SE HACE VEGANO?

Una de las preguntas que se les suelen hacer a los vegetarianos es: «¿Por qué no se hace vegano?», lo cual, dicho sea de paso, es una pregunta bastante irritante. Por desgracia, como sucede con muchas cuestiones irritantes, también es bastante importante. El principio utilitario que motiva el vegetarianismo también va más allá.

La industria láctea es –según el razonamiento de Singer– casi tan perniciosa como la cárnica. Las vacas, por ejemplo, solo producen leche una vez que han dado a luz, por lo que tienen que tener crías una vez al año para seguir lactando. ¡Una vez al año! ¿Se lo imagina? Además, todos los terneros machos son sacrificados y (en el mejor de los casos) molidos hasta convertirlos en carne picada (y, en el peor de los casos... bueno, no sigamos por aquí). Si queremos minimizar el sufrimiento animal, tenemos que dejar de beber leche y, también, de comer queso y yogur.

Y la cuestión no acaba aquí. El veganismo conlleva sus propios problemas. Los veganos necesitan proteínas, y, dado que el queso y la carne no entran en el menú, recurren a los frutos secos para obtener la dosis diaria recomendada de proteínas. Pero la industria de los frutos secos es susceptible de enfrentarse a tantos problemas como las industrias cárnica y láctea. Pongamos el caso de las almendras: necesitan una gran cantidad de agua para crecer, y la redirección extensiva del agua puede conducir (y conduce) a sequías generalizadas en las comunidades de cultivo de almendros. Además, no todos los países tienen un clima propicio para el cultivo de frutos secos, por lo que tienen que importarlos, y adivinen qué. Las emisiones de barcos y aviones contribuyen al calentamiento global.

Cuando el plato de la ética rebosa, es bueno recordar una lección aprendida de Onora O'Neill: *deber implica poder*. Queremos ser buenas personas. Tenemos códigos morales, y esos códigos nos dicen qué debemos hacer. Pero la idea de

que tenemos que parar de maltratar a los animales solo tiene sentido si *podemos* dejar de maltratar a los animales. No se puede esperar de nosotros que hagamos algo que no nos es posible hacer.

Dado cómo vivimos la mayoría, dado el tipo de artículos adquiridos que nos ponemos, nos comemos y usamos, es difícil (por no decir imposible) estar seguros de si el sufrimiento animal es un subproducto de su fabricación. Haría falta un trabajo a tiempo completo para trazar el mapa de la cadena causal que desembocó en la elaboración de un sándwich o de una barra de chocolate: sencillamente, no es posible en la práctica.

Sin embargo, esto no significa que tengamos que rendirnos. La maravillosa Ruth Barcan Marcus, en un ensayo de 1980 titulado «Moral Dilemmas and Consistency» («Dilemas morales y coherencia»), habla de un «principio regulador de segundo orden». Este principio, a grandes rasgos, sostiene que en lugar de intentar satisfacer todas esas

diversas exigencias morales (cosa que, además de ser imposible, nos produciría un agotamiento moral, cuando no un conflicto abierto), tenemos la responsabilidad de ponernos en una posición en la que sea posible abordar estas cuestiones. Aunque no queramos ser la causa del sufrimiento animal innecesario, solo disponemos de unos recursos finitos con los que evitar que esto suceda. Lo que dice Ruth Barcan Marcus es que debemos emplear esos recursos sabiamente. Tenemos que valernos del juicio práctico para que nuestra práctica moral pueda llegar a ser sostenible.

Llevar una vida moral no es una mera cuestión de decidir qué cosas debemos o no debemos hacer. Se trata de desarrollar un estilo de vida en torno a esos objetivos. No todos podrán alcanzarse al instante. Tal vez crea que es mejor ser vegano que vegetariano, pero puede que necesite pasar un tiempo investigando los deliciosos sustitutos de la leche a base de avena antes de que lo consiga.

IR DE COMPRAS

«A primera vista, una mercancía parece ser una cosa trivial, de comprensión inmediata. Su análisis demuestra que, en realidad, es un objeto muy extraño, rico en sutilezas metafísicas y filigranas teológicas».

Ese era Marx. Karl, no Groucho. Habla de los iPad, los sofás, los frisbis, los sombreros de temporada, y de esas pequeñas figuritas que salen en los Kinder Sorpresa y, también de los propios huevos de chocolate. Está hablando de las *mercancías* —de los productos cotidianos que introducimos en nuestras casas, nuestros automóviles y nuestros lugares de trabajo—, de todas las mercancías.

Marx, el filósofo y economista nacido en Prusia en el siglo XIX, reflexionó mucho sobre estos objetos de apariencia corriente. La anterior cita procede del primer capítulo de su obra magna, *Das Kapital: Kritik der politischen Ökonomie* (*El capital: crítica de la economía política*, 1867), en la que describe los modelos económicos en los que se basa lo que él veía como una sociedad «capitalista». Se trata de una obra voluminosa, repleta de pensamientos novedosos, aunque para nuestros propósitos solo vamos a hablar del punto de vista que mantiene con relación a estas cosas supuestamente «triviales».

Una mercancía es, *grosso modo*, algo que se puede comprar y que ha sido producido mediante el trabajo humano. Es una idea muy vaga, ¿no? Incluye tazas y platillos, pero también programas informáticos y cosas más abstractas, como una hora con un asesor de gestión o un paquete de vacaciones a las Maldivas.

Las mercancías, según Marx, tienen dos rasgos distintivos: por una parte, lo que llama «valor de uso». En el caso de una cuchara de madera, este se relaciona con lo que se puede hacer con ella (por ejemplo, remover). También tienen «valor de cambio». ¿Por qué otra cosa podemos cambiar una cuchara? En los viejos tiempos, podríamos haber obtenido un pato o un par de nabos a cambio de una cuchara bien tallada. Hoy en día, es más probable que el intercambio sea por un par de horas de duro trabajo en la oficina, por medio del dinero. Nos pagan una cierta cantidad por nuestro trabajo y empleamos el dinero que ganamos en comprar una preciosa cuchara.

Para Marx, la economía capitalista pone el foco en gran medida en el segundo de estos dos valores. Los capitalistas no tienen un especial interés en lo que sea el objeto o en su utilidad, sino en lo que se pueda obtener al cambiarlo y si generará o no beneficios. El mercado está orientado a ese fin, a la producción de beneficios en lugar de a la producción de artículos útiles... que es probablemente la razón por la que hay tantos objetos en circulación.

Según Marx, a primera vista, una mercancía parece «trivial» y «de comprensión inmediata». Fijémonos en, por ejemplo, este libro: ha visto otros como este, y, con independencia del contenido, es probable que −como objeto− no le resulte especialmente fascinante. No lo considera, de ningún modo, un objeto extraño. Lo mismo puede decirse de las mesas y las sillas, y así sucesivamente. Pensamos en las mercancías como objetos cotidianos y corrientes.

Con todo, Marx añade que estos objetos están repletos de «sutilezas metafísicas y filigranas teológicas». Son mucho más misteriosos de lo que aparentan. Es una reflexión que pretende plasmar en su idea del «fetichismo de la mercancía».

Aunque lo habitual es que relacionemos la palabra fetiche con prácticas sexuales, en la obra de Marx el concepto de «fetichismo» surge del discurso etnográfico y antropológico; se refiere a la forma en la que se considera que ciertos objetos −tales como tótems o amuletos− poseen poderes sobrenaturales. Pero ¿qué poderes pueden tener las mercancías? ¿Qué extraña magia poseen nuestras pertenencias?

Árbol

TRAS EL TELÓN

Al igual que todo objeto mágico que se precie, las mercancías *surgen de la nada*. La mayor parte del tiempo, las vemos en los estantes, como si acabaran de aparecer. Claro está que somos conscientes de que hay personas que abastecen las tiendas, pero nuestros pensamientos no suelen llegar más lejos. En el transcurso normal de las cosas, no tenemos el más mínimo contacto con los *productores* de las mercancías. No los vemos y, desde luego, no intercambiamos nada con ellos de forma directa. Atrás quedaron los viejos tiempos de los nabos y las cucharas de madera. De hecho, en la mayoría de los casos, las mercancías (su reloj digital, por ejemplo) son producidas por un gran número de personas, y estos mismos productores rara vez se ven, y mucho menos hablan entre sí.

Piense en todos los diversos materiales que se han utilizado para elaborar este libro. El papel, por una parte. El agente blanqueador de la celulosa; la cola con la que se pega el lomo. La tinta, el plástico o el laminado con el que se le da un acabado brillante. Todos ellos tienen orígenes diferentes, y, sin embargo, interactuamos con el libro como si fuera un *objeto único y unificado*. De hecho, está diseñado para que lo parezca. Los fabricantes han puesto un cuidado increíble para borrar las señales de su producción.

No pensamos en los libros como objetos producidos por personas. Mientras lee esto, es poco probable que piense en las horas que he pasado sentado en mi escritorio escribiendo estas palabras ni en cuánto me han pagado. Es poco probable que haya pensado en las condiciones laborales de los diseñadores, los redactores, los impresores y los editores. Ni en los silvicultores que cultivan los árboles con los que se hace el papel, ni en los químicos que han hecho el pigmento para elaborar la tinta. Estos aspectos del libro están muy bien ocultos: y esa es la magia de las mercancías. No las vemos como productos del trabajo humano. No pensamos en las personas que las fabrican ni en cómo se las trata.

Al fin y al cabo, el «fetichismo de la mercancía» no es un tipo de magia que resulte particularmente impresionante. Es como lo que hace David Copperfield; los productores no han desaparecido *de verdad*: es un truco lumínico. Sin embargo, las relaciones sociales, a menudo explotadoras, siguen existiendo. Con *El capital*, Marx intentó descorrer el telón para que viéramos cómo nos estaban engañando. La próxima vez que vaya a comprar algo, trate de pensar en su valor de uso, en su valor de cambio y en los productores que lo hicieron posible.

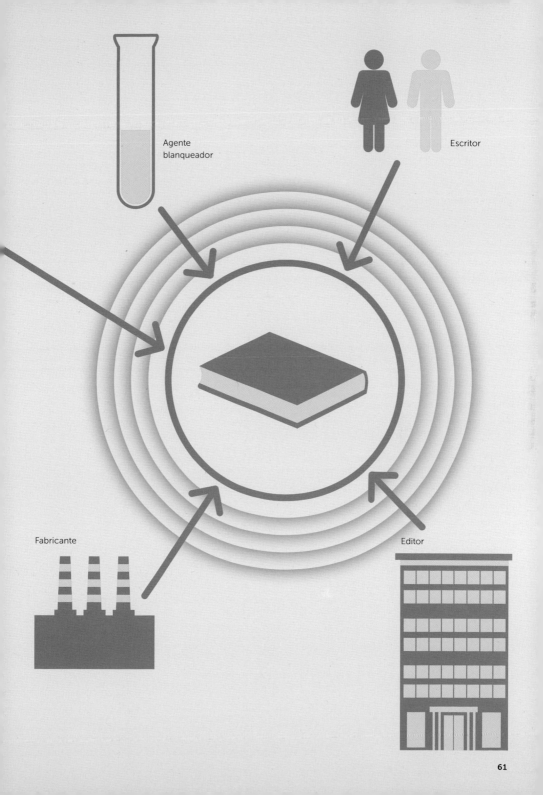

Agente
blanqueador

Escritor

Fabricante

Editor

HERRAMIENTAS

05

La institución del matrimonio tiene un pasado
perturbador. Si lo celebramos como tradición,
es difícil no festejar su preocupante pasado.
Punto de reflexión ¿Existe alguna tradición
que *no* tenga un pasado preocupante?

06

Tener hijos es una experiencia maravillosa y
que expande la mente, pero puede que exista
el imperativo moral de cuidar a los *niños que
ya existen* en lugar de crear *otros nuevos*.
Punto de reflexión ¿Quiere decir esto
que deberíamos dejar de tener hijos?

07

El sufrimiento animal nos motiva a cambiar lo que comemos. Para no dejarnos abrumar por las exigencias éticas, debemos reconocer las limitaciones de nuestros recursos personales y desplegarlos con sensatez.
Punto de reflexión ¿Puede darse que haya un buen motivo para que nos deje de preocupar la injusticia?

08

Al fijarnos en la mercancía en lugar de en los medios que llevan a su producción, tendemos a olvidar que muchas de nuestras compras cotidianas son el resultado de la explotación laboral.
Punto de reflexión ¿Qué tiene que hacer para comprar mejor?

PARA APRENDER MÁS

LECTURAS

We Are What We Eat
Cathryn Bailey, Hypatia (2007)

Si eres igualitarista, ¿cómo es que eres tan tico?
G. A. Cohen
(Ediciones Paidós, 2001)

«Exploitation»
Nancy Holmstrom, en *Canadian Journal
of Philosophy* (1977)

AUDIOS

**«The Morality of Parental Rights»,
The Moral Maze**
Debate de BBC Radio 4 presentado por
Michael Buerk con Ed Condon, Raanan Gillon,
Carol Iddon y Dominic Wilkinson. *The Moral Maze*
es uno de los programas de debate político
de la BBC que suele contar con interesantes
contribuciones de filósofos.

AUDIOVISUALES

The Spectre of Marxism
El académico y presentador Stuart Hall explora
la figura de Karl Marx y la historia del marxismo en
este exhaustivo documental de la BBC de 1983.

Carnage: Swallowing the Past
Con una fascinante (y a menudo hilarante) fusión
de hechos y ficción, este docudrama dirigido
por Simon Amstell aborda el impacto del consumo
de carne en el siglo XXI (y en el XXII).

VISITAS

Phil.Cologne
En 2017, más de 12000 personas asistieron
a la quinta edición del festival Phil.Cologne, en
Colonia, lo que indica la creciente popularidad
de la discusión filosófica en Alemania. Destaca
el trabajo de los organizadores al reunir distintas
opiniones filosóficas.

Festival of Questions
Parte del célebre Melbourne Festival, el Festival
of Questions reúne a políticos, filósofos y cómicos
para discutir (a veces de manera provocativa)
temas importantes a los que se enfrentan los
australianos del siglo XXI.

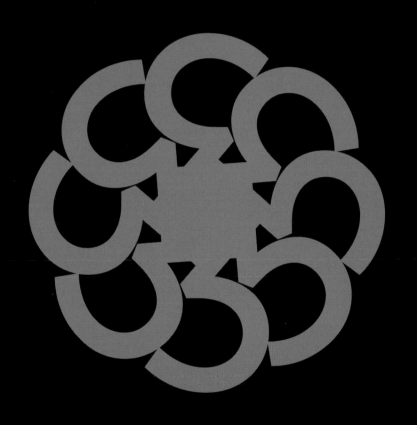

LA AUTOAYUDA

LECCIONES

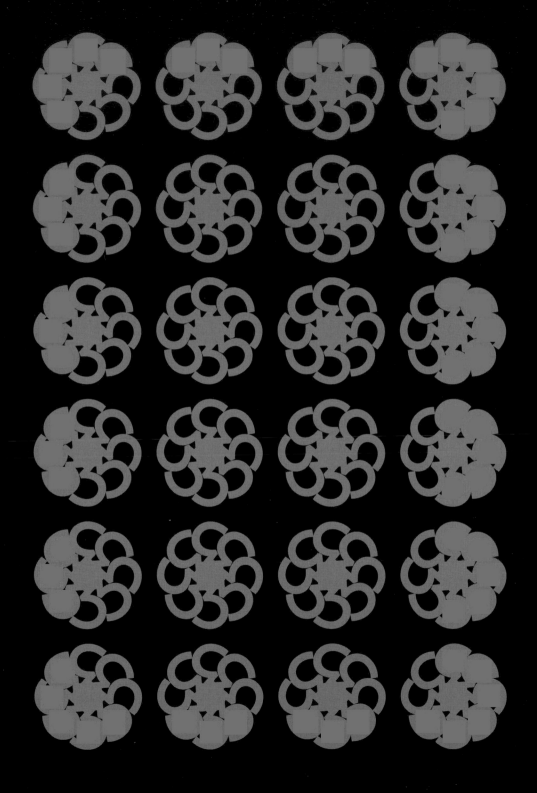

> «Nos formamos a nosotros mismos inmersos en vocabularios que no elegimos, y a veces tenemos que rechazarlos o desarrollar de forma activa otros nuevos».
> *Judith Butler*

¿Quién diantres se cree que es? Y, para ser más específicos, *¿qué diantres se cree que es?* En este capítulo veremos la clase de seres que nos consideramos. *¿Somos animales? ¿Personas? ¿Y qué pasa con los yoes?* También veremos algunos de los problemas a los que se enfrentan este tipo de seres (¡la muerte es uno de los grandes!) y examinaremos cómo podemos responder a ellos.

La mayoría de las veces, cuando los filósofos anglófonos hablan de los yoes y de las personas, se refieren al debate de la «identidad personal». Esta es una corriente de pensamiento que se originó en el siglo XVII con el filósofo y médico John Locke. Este quería saber qué hacía falta para que seres como él y sus compañeros de la Royal Society sobrevivieran a través del espacio y el tiempo. Ese es el tema central de la lección 9, «Seguir vivos».

Sin embargo, como veremos en las lecciones posteriores, la postura de Locke es solo una de las muchas que existen. Abordaremos los puntos de vista budistas del yo (y de su ausencia) y los relatos confucianos sobre cómo construirse un verdadero yo. Comenzaremos por descomponer la idea de un yo «natural», con necesidades y deseos instintivos. En la lección 11 también veremos cómo los epicúreos y los estoicos pensaron que era posible lidiar con la muerte del yo —todo el tiempo preguntándonos en qué consiste exactamente morir—. En la última lección, «La muerte y los impuestos», veremos qué significa la idea de un ser independiente, unificado y con capacidad de elección —un yo—.

¡Advertencia! Si es propenso a padecer ataques de angustia existencial o miedo al sentimiento oceánico, tal vez este capítulo no sea de su agrado. Entre los efectos secundarios de las siguientes discusiones se encuentran los mareos, la perplejidad ontológica y la pérdida ocasional de la yoidad.

SEGUIR VIVOS

No hay una manera fácil de decirle esto, pero... bueno... va a morir. Qué diablos, todos vamos a morir. Pero ¿qué significa en realidad decir que «vamos a morir»? ¿Significa «abandonar la existencia»? Es un pensamiento extraño al que le irá bien la extrapolación filosófica.

Por suerte, es esto precisamente lo que examina en su ensayo de 1689 titulado *Essay Concerning Human Understanding* (*Ensayo sobre el entendimiento humano*) el filósofo británico John Locke. En el libro II, capítulo 27, expone las que cree que son nuestras «condiciones de persistencia»: los criterios que deben cumplirse para que podamos seguir existiendo.

Ahora bien, es fácil delimitar las condiciones específicas para nuestra supervivencia. No se nos debe caer encima un piano y aplastarnos, por ejemplo. Hemos de evitar beber venenos mortales. Debemos evitar que nos decapiten. Locke, sin embargo, no quiere elaborar una lista de las múltiples maneras en que podemos perecer. Sería aburrido y espantoso (e infinito). En su lugar, lo que quiere es saber cuáles son las condiciones generales para sobrevivir. ¿Qué elementos tienen en común el envenenamiento, la decapitación y el aplastamiento por un piano (etc.)?

Para poder responder a esta pregunta, según Locke, tenemos que examinar qué clase de cosas somos (acuñó el término *sortal* para hablar de estas clasificaciones). Como él mismo reconoce, es evidente que podemos ser todo tipo de cosas —enfermeros, marineros, soldados, estudiantes, etc.—, pero, dado que, como salta a la vista, podemos sobrevivir a un cambio de carrera, deberíamos, dice, fijarnos en la clase de cosas que somos *en esencia*.

Después de todo, somos humanos: un tipo concreto de animal, la especie *Homo sapiens*.

Y tal vez nuestra supervivencia sea cuestión de la persistencia de este animal humano. ¿O tal vez seamos almas inmortales? ¿Quizá persistamos siempre y cuando el alma inmaterial específica persista?

En última instancia, Locke declara que, en esencia, somos personas. Una persona es un «ser inteligente pensante dotado de razón y reflexión y que puede considerarse a sí mismo como sí mismo, como la misma cosa pensante en diferentes tiempos y lugares [...]». Es una entidad autoconsciente, racional y pensante que continúa a través del tiempo y el espacio. También podríamos llamarla «conciencia».

Aunque existen historias de ciencia ficción aún más raras acerca de personalidades de personas que se descargan en ordenadores y que se desplazan al espacio exterior, la intuición general que parece apoyar la idea lockeana es que se sobrevive mientras nuestra conciencia particular siga viva. La «conciencia continua» es nuestra principal condición de persistencia.

Además, Locke tiene la amabilidad de decirnos cómo podemos comprobar si tenemos conciencia continua: para ello, hay que observar nuestros recuerdos como individuo. Si hay alguien que tenga nuestros recuerdos y se acuerde de haber hecho todo lo que hemos hecho desde una perspectiva en primera persona, ello es una buena prueba de que esa persona somos nosotros.

Esta es, entonces, la explicación lockeana de la identidad personal. Nuestra supervivencia no es la persistencia de cierto animal humano (ni de un alma inmaterial que flote por ahí), sino la de una sola persona pensante que continúa a través del espacio y el tiempo, como se evidencia en el recuerdo experiencial continuo.

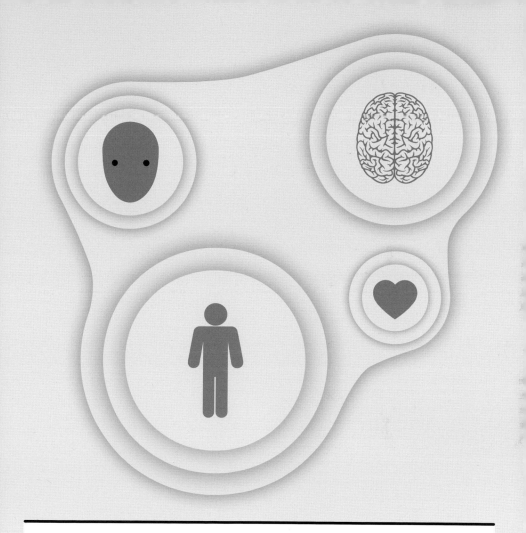

Para apoyar su punto de vista, Locke y sus seguidores cuentan historias en las que seres como usted y como yo parecemos sobrevivir a cambios de cuerpo o alma gracias a la conciencia continua en concreto. Este relato neolockeano canónico es el del «trasplante de cerebro» que nos cuenta el filósofo Sydney Shoemaker en su libro de 1963 titulado *Self-Knowledge and Self-Identity* (*Autoconocimiento y autoidentidad*). Imagínese que le saco el cerebro y lo pongo en la cabeza de otro cuerpo; el paciente que se despierte puede que no se parezca en nada a usted —no será el mismo animal humano—, pero tendrá todos sus recuerdos y todos sus rasgos de personalidad. Así que será la misma persona. ¿Cree que sobreviviría a esta operación? De hacerlo, según Shoemaker, es porque nos identificamos a nosotros mismos como una conciencia particular, como una cosa pensante concreta. El animal humano que se asienta donde usted está ahora mismo es poco más que un receptáculo para la persona que, en esencia, es usted.

NO SE OLVIDE DE LOS RECUERDOS

La mayoría de las veces, en lo tocante a abandonar la existencia, lo cierto es que no necesitamos que la filosofía nos diga lo que está pasando. Si nos aplasta un piano, nadie va a llamar a un metafísico: llamarán a un sepulturero. Esto se debe a que pensamos, por lo general, que la muerte del animal humano coincide con la muerte de la persona; cuando el corazón deja de latir y se produce la «muerte cerebral», la conciencia particular (por desgracia) también se detiene.

Pero también hay casos problemáticos. Dejando a un lado las peculiares fantasías filosóficas (trasplantes de cerebro, personalidades que se descargan, teletransportes, etc.), podemos contar historias más mundanas y problemáticas que nos hacen cuestionarnos lo que pensamos que somos y lo que hace falta para sobrevivir.

Pensemos en una vida humana. Por ejemplo, en la vida de Hamid. Este comienza siendo un feto y, al nacer, se convierte en un precioso bebé. Crece hasta convertirse en un niño problemático, luego se transforma en un adolescente reflexivo y en un joven inteligente; antes de cumplir los ochenta años, comienza a padecer la enfermedad de Alzheimer. En su octogésimo cumpleaños, Hamid contrae neumonía y se le induce un coma. Poco después, sus funciones vitales se detienen, y fallece. Esto, según creemos, es una vida entera.

Según la visión de Locke, sin embargo, Hamid solo existe en una parte de ella. Recuerde que, según Locke, en esencia somos *cosas pensantes*. Pero ¿tuvo *conciencia propia* el feto de Hamid? ¿Guarda algún recuerdo Hamid del útero de su madre? ¿Y qué pasa con la enfermedad de Alzheimer? Se olvida de quién es y de quiénes son los miembros de su familia. Su personalidad experimenta un cambio drástico. ¿Es la misma persona que fue durante la adolescencia? Los lockeanos podrían tener motivos para dudar, lo cual parece una respuesta extrañamente tajante para una situación tan sutil, perturbadora y habitual como esta. Y si la persona sobrevive a la demencia, ¿puede sobrevivir también al coma, del que Hamid nunca se despierta?

Hay muchos casos —desde los pacientes con amnesia hasta los que están en estado vegetativo— que ponen en tela de juicio el relato lockeano sobre la identidad personal. Creemos, por supuesto, que la conciencia es una parte importante de nuestro ser, pero ¿es la *más fundamental*? Las opiniones que se tengan al respecto pueden tener consecuencias de gran alcance. En el debate sobre el aborto, por ejemplo, podemos pensar que es relevante si somos fundamentalmente *animales humanos* (que nacen en el momento de la concepción) o *personas* (que nacen mucho después). Al redactar su testamento, tal vez quiera especificar cómo le gustaría que lo tratasen si acabase en un coma irreversible; si cree que es una persona, es posible que no se identifique con el paciente vegetativo de la máquina de soporte vital.

La mayoría de las veces, no necesitamos que la filosofía nos diga lo que está pasando, pero, en ocasiones, un análisis filosófico nos ayuda a entender lo que queremos hacer, cómo queremos que nos traten y por qué.

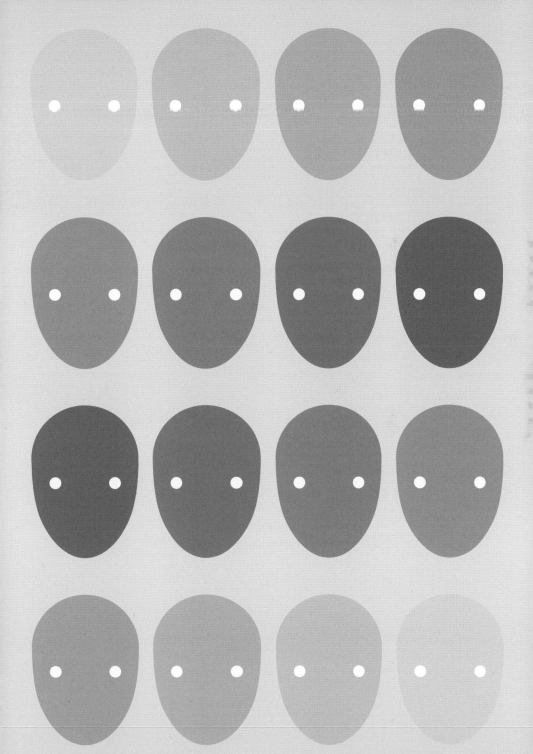

EL AUTÉNTICO YO

Autoayuda. Es un término muy de moda hoy en día. Es una industria pujante. Desde todos los medios de comunicación se nos anima a que nos ayudemos a nosotros mismos comprando, perdiendo peso, sonriendo, poniéndonos enemas y quién sabe qué más. Y, por supuesto, todos estos libros, programas de televisión y aplicaciones pueden ser útiles. Pero ¿a qué ayudan exactamente? ¿A nuestro *yo*? ¿A un yo concreto y determinado, repleto de esperanzas, sueños y deseos?

En la lección anterior, «Seguir vivos», hablamos sobre la persona, el yo, lo que consideramos que es <introduzca aquí su nombre>. Jugamos con la idea de que hay algo que creemos que es lo que fundamentalmente somos. Un «yo verdadero», un ser con conciencia de «sí mismo» que piensa, desea, toma decisiones, quiere, necesita, etc. Es una idea con un considerable pedigrí. Nos atrae. Tiene sentido.

Pero ¿y si fuera todo una sandez? ¿Y no hubiera un yo real con sustancia ni una persona que dirija nuestras acciones y genere nuestros deseos? ¿Qué sucedería entonces al contemplar nuestro interior? ¿No habría... nada? *Niente*? ¿Cero?

Esta idea de que no exista en realidad un auténtico yo no es especialmente nueva. Algunas de las discusiones más sofisticadas sobre la carencia de un ego surgen de la tradición budista, que data del siglo IV a. C. He aquí lo que dice el monje budista Nyanatiloka Mahathera:

«Buda nos enseña que lo que llamamos "ego", "yo", "alma", "personalidad", etc., son meros términos convencionales que no se refieren a ninguna entidad independiente real. También nos enseña que lo único que se puede encontrar es este proceso psicofísico de la existencia que no cesa de cambiar [...]. Esta doctrina de la carencia de un ego de la existencia conforma la esencia de la doctrina budista de la emancipación. Es esta doctrina del "no yo", o *anattā*, en la que se basa toda la estructura budista».

La crítica del ego aparentemente «natural» tampoco se limita a la tradición budista. Sociólogos y filósofos, desde Marcel Mauss hasta N. Katherine Hayles, han demostrado que el énfasis en el yo soberano tiene raíces socioculturales. Nuestra fascinación por el «yo» es un producto de un tipo concreto de sociedad. En términos más precisos, el politólogo Crawford B. Macpherson sugiere que la idea de un yo autónomo alcanza la relevancia que ostenta debido a su posición dentro del liberalismo político (que veremos en la lección 12).

Piense. Observe en su interior. Vea si puede verse a sí mismo. ¿Qué es lo que le hace ser quien es? ¿Ve realmente una entidad coherente? ¿O es solo una corriente de pensamientos arremolinados como una gran bola de pelusa? Esta frase pasa flotando y al instante siguiente, ¿qué sucede? Un recuerdo de un devaneo romántico. Una ensoñación. El aroma de las patatas asadas. Mire más adentro. ¿Son las esperanzas y los sueños que tiene algo más que meros pensamientos fugaces? ¿De dónde han salido, por qué los tiene? ¿Eligió tener las esperanzas y los sueños que tiene?

¿Ya está mareado?

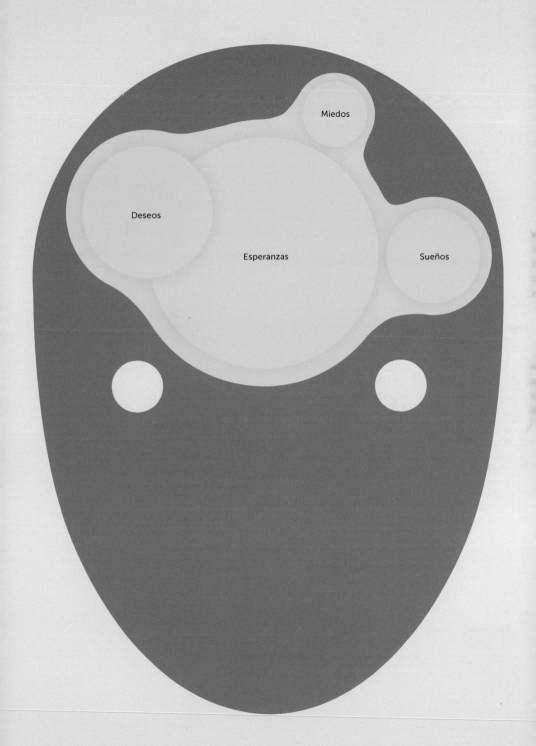

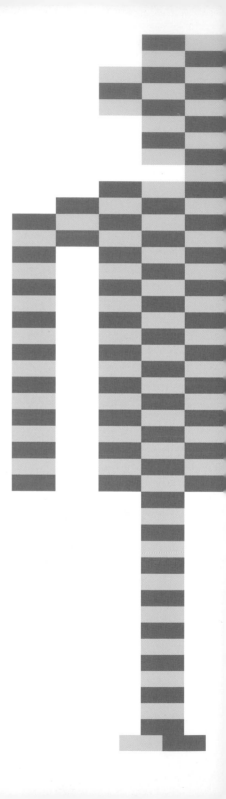

CONSTRÚYASE UN YO

Tal vez deberíamos proceder con algo más de
cautela en lo tocante a nosotros mismos. La idea
de un ser interior formado en su totalidad es, tal vez,
algo turbia. Tal vez lo que considere su *verdadero yo*
no sea más que un conjunto de comportamientos
aprendidos, emociones inducidas químicamente y
reacciones a los estímulos. Aunque hay experiencias
que tienen lugar en este saco de carne −frío, calor,
dolor, placer, etc.−, no las experimenta ninguna
entidad coherente. Interactuamos con las cosas
y reaccionamos, pero nuestras reacciones no son
más significativas ni autodirigidas que las de un
narciso al inclinarse hacia el sol.

Si le preocupan estos pensamientos, puede
encontrar algo de consuelo en las enseñanzas
del filósofo chino Confucio. Más o menos al
mismo tiempo que Buda difundía sus enseñanzas
por el norte de la India y Sócrates causaba
problemas en Grecia, el político, editor y erudito
Confucio abordaba el problema de carencia de ego
en el antiguo estado Lu de China. Afortunadamente
para nosotros, gracias a la excelente investigación
de Michael Puett y Christine Gross-Loh, su obra
está gozando en la actualidad de una suerte
de renacimiento en Occidente.

Según Confucio, somos, en última instancia,
un amasijo de emociones. No existe un «yo» rector
que dirija nuestra vida. Hasta aquí, nada nuevo.
Pero en sus *Analectas*, Confucio también parece
sugerir que tenemos la posibilidad de *construirnos*
un yo.

¿Cómo? Bueno, el primer paso consiste
en poner en tela de juicio los comportamientos
aprendidos. La mayor parte de nuestras vidas
las ocupan las reacciones estímulo-respuesta
estándar. Piense, por ejemplo, en la última vez
que alguien le haya preguntado cómo está;
lo más probable es que haya dicho: «Bien»,

¿verdad? ¿Con qué frecuencia entabla conversaciones triviales sobre el tiempo? ¿Qué otros hábitos tiene? ¿Cuándo ha sido la última vez que se ha *implicado* en algo *de forma genuina*? Confucio apela a cuestionar estos comportamientos por medio de la realización de rituales. He aquí lo que dicen Gross-Loh y Puett en su libro *The Path* (*El camino*, 2016):

«Los rituales —en el sentido confuciano— son transformativos porque nos permiten convertirnos en una persona diferente por un momento. Crean una realidad alternativa efímera que nos devuelve a nuestra vida habitual un poco modificada. Durante un breve instante, vivimos en un mundo "como si"».

En lugar de reforzar hábitos restrictivos, los rituales nos permiten escapar de ciertas estructuras mediante una suerte de *juego de roles*.

Tomemos, por ejemplo, el ayuno ritual, común a muchas religiones. Existen varias razones para llevar a cabo este tipo de ascetismo, pero, ya sea para Yom Kipur, Cuaresma o Ramadán, esta privación nos pone en la posición de alguien menos afortunado que nosotros. Nos pone en el «como si». Nos lleva a comportarnos como si no tuviéramos suficiente comida. Hacer tres comidas al día probablemente sea algo que haga sin pensar. El ritual del ayuno desafía las convenciones del desayuno, el almuerzo y la cena, y nos anima a pensar más sobre este comportamiento aprendido. La participación en este ritual nos saca del piloto automático. Se nos anima a prestar atención, a que nos impliquemos de una forma genuina. De este modo, adoptamos decisiones de forma activa. Dejamos de ser narcisos. Y, al hacerlo, según Confucio, empezamos a construirnos un yo.

¿ELIGIÓ TEN
LAS ESPERA
QUE TIENE?

ER
NZAS

LIDIAR CON LA MUERTE

¿Le da miedo la muerte? No se preocupe; nos pasa a la mayoría. Con independencia de su punto de vista sobre la persistencia humana, es difícil no preocuparse ante la idea de pasar a mejor vida, estirar la pata o el eufemismo que prefiera. La preocupación parece darse de una forma más intensa en los que no creen en la vida después de la muerte.

Para Platón, la filosofía es una práctica que nos ayuda a prepararnos para la muerte. Es una tradición intelectual que nos permite aceptar nuestra inminente muerte. Y el filósofo ateniense Epicuro, que vivió más o menos un siglo después de Platón, es bien conocido por intentar seguir esta premisa. Al enfrentarnos al extenuante miedo a la mortalidad, aconseja que nos relajemos y pensemos con racionalidad. La argumentación que sigue a continuación figura en una carta que le envió a su amigo Meneceo.

Partamos de esta premisa: «La muerte es la aniquilación». Cuando algo muere, se aniquila. Es decir, *abandona la existencia*. Nos quedamos sin nada (o, como se dice en latín, *nihil*). Los seres vivos, como usted y yo, no hemos sido aniquilados: de no ser así, no estaríamos vivos (evidentemente). Así que parece justo decir que la muerte (que es la aniquilación) no afecta a los vivos. La muerte, por lo tanto, no puede ser *mala* para los vivos, ya que los vivos no la experimentan.

¡Y —preste atención— tampoco puede ser mala para los muertos! Porque para que algo sea malo para alguien, esa persona tiene que, como mínimo, *existir*. Los muertos (como acabamos de ver) no existen. Han sido aniquilados. Así que, según Epicuro, la muerte no es mala ni para los vivos ni para los muertos. ¡Chúpate esa, muerte!

En torno a un siglo después de Epicuro, el poeta romano Lucrecio ofreció un suplemento a esta línea de razonamiento, al que dio en llamarse «argumento de la simetría». En *Dē rērum natūra* (*De la naturaleza de las cosas*, o *De la naturaleza*), Lucrecio señaló que el carácter de la inexistencia que resulta de la muerte guarda un sospechoso parecido con el de la inexistencia relacionada con el nacimiento. Señala que, puesto que pasamos poco o nada de tiempo preocupándonos por lo que hay antes del nacimiento, no tiene sentido preocuparnos por lo que hay después de la vida.

«Miremos ahora hacia atrás y pensemos en cómo las épocas pasadas de la eternidad que sucedieron antes de nuestro nacimiento no fueron nada para nosotros. He aquí, pues, un espejo en el que la naturaleza nos muestra el tiempo que ha de venir tras nuestra muerte. ¿Se ve algo que temer? ¿Se percibe algo sombrío? ¿No parece más pacífico que el más profundo de los sueños?».

Según estos antiguos filósofos, el miedo a la muerte carece de toda lógica. Entonces, ¿por qué nos sigue inquietando?

Nacimiento

Existencia

Muerte

LETRAS MUERTAS

«Cuando ella murió, ya no quise seguir viviendo ni pude encontrar consuelo alguno en los insípidos dictados de la filosofía, que en aquel momento eran letra muerta».

Son palabras de la filósofa del siglo XVIII Jenny Harry en las que nos habla de la muerte de su hermana. Lo que dice es de gran importancia. Aunque los argumentos que encontramos en Epicuro y Lucrecio nos ayuden a enfrentarnos a nuestra propia muerte, sirve de poco para consolarnos cuando se trata de la muerte de un ser querido. El argumento de la simetría puede ser bueno y elegante, persuasivo incluso visto en abstracto, pero no sirve de gran consuelo a los desconsolados familiares. En estos contextos, la filosofía es poco más que «letra muerta». Es inútil. De hecho, la idea de utilizar una tesis filosófica para contrarrestar estas desgarradoras experiencias resulta casi perturbadora. El dolor que sentimos cuando muere uno de nuestros padres o hermanos se adueña de nosotros por completo. Es extraño pensar que deberíamos tratar de razonar, y es arrogante por parte de los filósofos dar a entender que ellos sí pueden. La muerte de un ser querido no se puede organizar como si se tratase de una ecuación. No es un rompecabezas que pueda resolverse.

Jenny Harry escribe que lo más que podía hacer por ella la filosofía era hundirle «la mente en un estado de apatía». Parece estar haciendo referencia a la antigua idea de la *apatheia*, defendida por los estoicos griegos.

El estoicismo es una forma de filosofía helenística que en la actualidad goza de una cierta recuperación en el mundillo filosófico (se celebra una «Stoic Week» internacional e incluso hay

una convención que se llama Stoicon). La *apatheia*, o apatía, es uno de sus principios filosóficos fundamentales: la idea es cultivar la *indiferencia* para protegernos de las emociones desagradables que perturban la tranquilidad.

A Jenny Harry, quizá comprensiblemente, no le convenció esta táctica. Tampoco a Richard Sorabji, que, en su libro del año 2000 titulado *Emotion and Peace of Mind* (Emoción y paz mental), critica el estoicismo precisamente por este motivo. El estoico, nos dice el autor, cree que debemos cultivar la indiferencia porque, en el gran esquema de las cosas, no hay nada que sea realmente bueno ni malo, solamente aquello que nos resulte preferible desde cierto punto de vista.

«[Pero] no basta con limitarnos a preferir que nuestros seres queridos tengan bienestar, aunque los estoicos estén en lo cierto en cuanto a que esto nos haga incurrir en el riesgo de la pérdida y la desolación [...]».

Puede que la apatía nos proteja de la desolación, pero, como señala Sorabji, pagamos un precio elevado por esa protección. Harry está buscando algo que la consuele —que la ayude a ver el sentido de la vida—, pero lo mejor que puede encontrar en la filosofía es apatía. La apatía nos protege de las emociones dolorosas, pero también nos aleja de la alegría y del consuelo. Al final, Harry encontró alivio en el cristianismo y en la creencia en la vida después de la muerte en lugar de en «la locura del razonamiento metafísico». Aunque no todo el mundo querría seguir ese camino, Harry llama la atención sobre la limitada aplicación de la racionalidad a menudo árida de la filosofía.

LA MUERTE Y LOS IMPUESTOS

«En este mundo no se puede estar seguro de nada, salvo de la muerte y los impuestos», dijo el político y filósofo estadounidense Benjamin Franklin. Y si hay que elegir, hay quienes creen que la muerte es preferible.

El impuesto sobre la propiedad, el impuesto al consumo, el impuesto de sucesiones; estamos sujetos a impuestos sobre los alimentos, las casas, la ropa, las vacaciones, incluso sobre la propia *muerte*. Estamos sujetos a impuestos en casi todas las áreas de la vida —con, a menudo, grandes cantidades de dinero—, por lo que no es de extrañar que estemos menos que encantados a presentar declaraciones de impuestos. Nos pasamos el tiempo escatimando y ahorrando, y nos duele un poco (o más que un poco) cuando el recaudador de impuestos se lleva una parte. La fiscalidad es una restricción financiera a nuestros esfuerzos personales, e incluso podría decirse que a nuestras vidas. Es solo una de las muchas áreas en las que el Estado interviene en nuestros asuntos privados. Y a veces, quizá más que a veces, va *demasiado lejos*.

Si piensa que los impuestos son *exagerados*, que el Gobierno interfiere demasiado, entonces tal vez sea lo que los filósofos políticos llaman un «liberal político», o «liberal en lo político». El término *liberal* tiene distintos significados. Puede significar «de mente abierta», «amplio de miras». La frase: «Anita es muy liberal en cuanto a la crianza de los hijos», sugiere que Anita no es tradicional con respecto a esta cuestión. Cuando decimos que una profesión es liberal, nos referimos a que requiere de un título académico para su ejercicio. Sin embargo, si decimos que somos liberales en lo político, queremos decir que nos identificamos con una tradición política concreta que adquirió una gran importancia internacional durante y después de las revoluciones estadounidense y francesa, en el siglo XVIII.

En su esclarecedor ensayo de 2001 titulado «Liberalism, Individuality, and Identity» («Liberalismo, individualidad e identidad»), Kwame Anthony Appiah extrae algunas de las ideas filosóficas que dieron forma a esta tradición. Basado en la obra de John Locke (de la lección 9), el liberalismo (llamado a veces «libertarismo») se caracteriza por centrarse en la *libertad* personal y en la *igualdad*.

El liberal dice que todos debemos tener la *libertad* de hacer lo que queramos siempre y cuando esto no afecte de forma negativa a la libertad de los demás. Si quiere desayunar donuts, ¡adelante! Si quiere robarle a su vecino, ¡deténgase!

El liberalismo también considera que todas las personas son *iguales* entre sí. ¿Iguales con respecto a qué, exactamente? Respecto al respeto. Como poseedores de dignidad humana, cada persona se merece el mismo respeto. «Todos entramos y salimos del mundo de la misma manera», dice Appiah; todos somos igualmente dignos y merecedores del mismo respeto.

Si es liberal en lo político, es probable que quiera vivir en una *república* en lugar de en una *monarquía* (ya que los reyes y reinas se consideran mejores que los demás). También será partidario de la *intervención estatal mínima*. No querrá que su vida personal esté sujeta a injerencias gubernamentales. Claro está que le parecerá bien que haya organismos reguladores —como la policía— que eviten que las personas se roben unas a otras (y eso podría requerir unos impuestos mínimos). Pero, se ocupará de sus asuntos de la manera que quiera. El Estado no debería cobrar impuestos para financiar proyectos que no sean esenciales. No depende de él dónde invertir el dinero que ha ganado con tanto esfuerzo. Eso es lo que piensa el liberal.

Entonces, ¿qué *prefiere*? ¿La muerte o los impuestos? ¿La bolsa o la vida?

EXAMÍNESE DESDE UN PUNTO DE VISTA LIBERAL

«Si hubiera una palabra con la que definir el consenso dentro del cual se debate la política electoral en el mundo industrializado de hoy, bien podría ser liberalismo».

Tal vez la afirmación de Appiah explique nuestra irritabilidad universal sobre el pago de impuestos; sin embargo, incluso el liberal político piensa que los impuestos son necesarios en cuestiones reguladoras (para financiar la policía, el poder judicial, etc.).

Si reflexionamos, podríamos pensar que el Estado también debería cobrarnos impuestos por otros servicios. Pensemos en el sistema sanitario nacional. Es una buena idea, aunque quede fuera del ámbito de lo que debería hacer el Estado liberal. Lo mismo ocurre con la asistencia social estatal, que protege a los miembros de la sociedad que no pueden protegerse a sí mismos. El liberal político, sin embargo, cree que el Estado no debe ocuparse de estas cuestiones. Si una persona quiere dar dinero, de forma privada, a organizaciones benéficas, puede hacerlo, pero debe ser *su* elección individual.

En «Liberalism, Individuality, and Identity», Appiah critica lo que para algunos es el lado egoísta del liberalismo. Y sus objeciones surgen de una discusión metafísica y política.

¿Se acuerda de John Locke? En la lección 9 vimos lo fascinado que estaba por el concepto de *persona*. En su *Ensayo sobre el entendimiento humano*, interpreta a la persona como una entidad única, independiente y con sus propios deseos distintivos. Según Locke, lo que separa a una persona de otra está muy definido; usted es usted, yo soy yo, y nunca nos encontraremos (metafísicamente hablando).

Appiah —como algunos de los demás filósofos de este capítulo— desconfía de esta visión lockeana. Basándose en la obra de Michel Foucault y de Charles Taylor, sugiere que cada persona, cada yo, se crea «dialógicamente»: mediante el *diálogo* con los demás (los amigos, la familia y la sociedad en general). El yo, dice Appiah, no es «una auténtica esencia interior independiente del mundo humano en el que hemos crecido, sino, más bien, el producto de nuestras interacciones desde nuestros primeros años con los demás».

Piense en sus ambiciones personales. ¿De dónde salen? ¿Se le ocurrieron por su cuenta? ¿O fueron concebidas en conversación con padres, profesores y amigos? ¿Con los libros, el cine y la música? ¿Con otros miembros de la sociedad? La idea lockeana de una persona independiente con un juego completo de deseos envasados al vacío se encuentra en el corazón del liberalismo político. Sin embargo, resulta confusa desde el punto de vista metafísico. Nuestra identidad, nuestro yo está inextricablemente relacionado con el de nuestros semejantes. Así, para Appiah, el pensamiento liberal según el cual el yo debe tener prioridad sobre lo social está mal concebido.

Puede que esta conclusión no le haga más apetecible el pago de impuestos... pero, tal vez, haga que le resulte más coherente desde una óptica metafísica.

HERRAMIENTAS

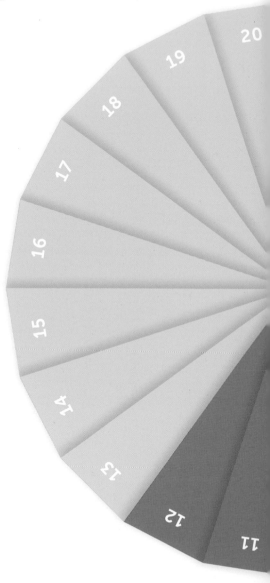

09

Los neolockeanos aseguran que somos personas,
o conciencias. Los «animalistas», que somos,
a un nivel más esencial, animales humanos.
Punto de reflexión ¿Hay algo malo en ser,
en esencia, dos cosas diferentes a la vez?

10

La filosofía budista nos anima a cuestionar
el concepto de un yo natural. Confucio sugiere
que podemos construir un yo mediante la práctica
de rituales.
Punto de reflexión ¿Es posible formular
la afirmación de no tener un yo?

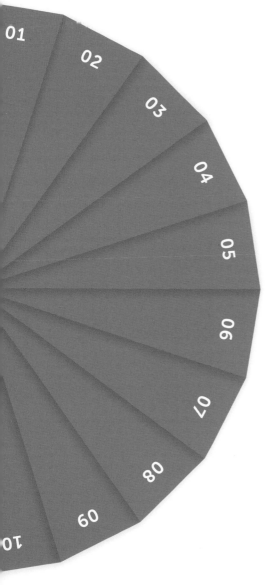

11

Epicuro dice que si estamos muertos no podemos experimentar el sufrimiento, por lo que no deberíamos tenerle miedo a la muerte. Este intento de racionalizar las emociones no resulta satisfactorio.
Punto de reflexión ¿Quién teme más a la muerte, los ateos o los que creen en el infierno?

12

El liberalismo político aprecia la libertad individual y la igualdad.
Punto de reflexión ¿Hay casos en los que los derechos de alguien a ciertas libertades (como la libertad de expresión) entren en conflicto con los objetivos de una sociedad igualitaria?

PARA
APRENDER MÁS

LECTURAS

«Feminism in Philosophy of Mind: the Question of Personal Identity»
Susan James, en *The Cambridge Companion to Feminism in Philosophy* (Cambridge University Press, 2000)

«Mistresses of Their Own Destiny: Group Rights, Gender, and Realistic Rights of Exit»
Susan Okin, en *Ethics* (2002)

La terapia del deseo: teoría y práctica en la ética helenística
Martha Nussbaum
(Ediciones Paidós, 2003)

AUDIOS

«Like a Rolling Stone: Stoic Ethics» (episodio 63), History of Philosophy Without Any Gaps
Otro maravilloso recurso en línea para aprender sobre la historia de la filosofía. Lo presenta Peter Adamson. Atractivo y accesible: definitivamente, vale la pena escucharlo.

AUDIOVISUALES

Born in Flames
Este filme, dirigido por Lizzie Borden, hay que verlo para creerlo: un asombroso docudrama de ciencia ficción que examina la identidad política y el liberalismo con humor y perspicacia.

Unknown White Male
El director de documentales Rupert Murray se centra en la vida de su amigo, Doug Bruce, que sufre de amnesia grave. El filme cuenta con la colaboración de la filósofa Mary Warnock.

8-bit Philosophy, de Wisecrack
Búsquelo en YouTube para ver cómo explica la filosofía por medio de clásicos videojuegos retro.

VISITAS

Stoicon
Estoicos de todo el mundo se reúnen en este evento internacional anual para discutir cómo aplicar a la vida cotidiana los principios de la filosofía estoica.
www.modernstoicism.com/stoiconstoicism-conference/

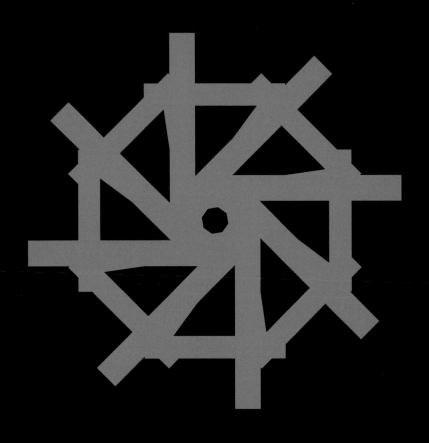

LA SOCIEDAD

LECCIONES

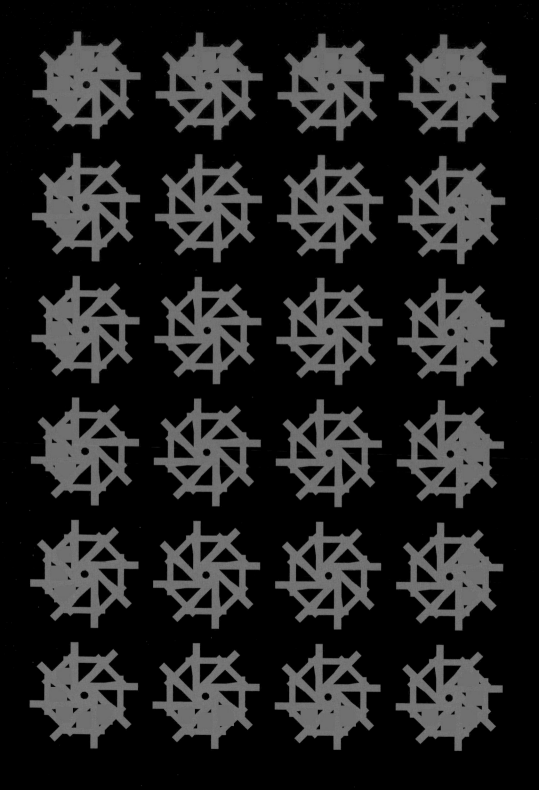

> «El éxito de una sociedad debe evaluarse sobre todo
> por las libertades de las que gocen sus miembros».
> *Amartya Sen*

El ser humano es un ser social. Vivimos con otros humanos: en la misma casa, en la misma calle, en la misma aldea, pueblo o ciudad. Nuestras vidas están interconectadas en profundidad. Establecemos relaciones duraderas y dependemos los unos de los otros para obtener comida, refugio y ayuda con la fontanería. Vivimos en una sociedad, y es esta entidad peculiar —la «sociedad»— lo que constituye el tema de este capítulo.

En su acepción más reducida, una sociedad es un grupo de personas. Lo más frecuente es que este grupo se componga a su vez de otros. Muchas sociedades están configuradas por numerosas comunidades más pequeñas divididas a lo largo de, por ejemplo, líneas religiosas o geográficas. El tema central de la lección 13, «La mentalidad de la agrupación», es la forma en la que establecemos los límites de los grupos. ¿Existen grupos más «naturales» que otros? ¿Son las nacionalidades grupos legítimos? ¿Tiene sentido dividir a las personas en función de su sexo o de su raza biológica? Casi nunca reflexionamos sobre por qué organizamos a la gente de ciertas maneras. Los filósofos tratan de examinar qué razones ocultas hay detrás de estas agrupaciones. En «Las reglas del club», hablaremos de las leyes invisibles por las que se organiza la sociedad: las creencias de fondo, o «ideologías», que configuran la forma en que vivimos.

También veremos cómo funcionamos como *miembros* de las sociedades. Tal vez piense que solo es responsable de las acciones que realiza de forma consciente y a nivel personal. Pero ¿podemos asumir la responsabilidad *como grupo*? En «Desagraviar» hablaremos de los motivos por los que podría pensarse que sí. Por último, en la lección 16, examinaremos cómo las acciones de nuestro grupo, como sociedad global, están poniendo en peligro el planeta y por qué es mejor abordar el cambio climático que asumir que no está teniendo lugar.

Como siempre, no pretendemos resolver estos problemas. Lo que queremos es hacer preguntas sobre las preguntas que plantean: y el capítulo terminará con algunos rompecabezas más planteados por los rompecabezas que contengan.

LA MENTALIDAD DE LA AGRUPACIÓN

¿Se acuerda de que en el colegio todos se separaban en *pandillas*? Los guays, los friquis y los deportistas. En aquel entonces, los límites parecían fijos, y ay de aquel que intentara cruzarlos. Cuando nos hacemos mayores, los grupos se hacen menos claros. Podemos ser friquis del deporte. Ser un friqui puede ser guay. Las pandillas que se habían formado en el colegio empiezan a resultarnos arbitrarias.

Con todo, también en la vida adulta, nos gusta agrupar a la gente. Por ejemplo, por su nacionalidad.

La nacionalidad parece una base más sólida que la categoría de «empollón». La pertenencia a una nación tiene un *fundamento legal*. La pertenencia a la nación de los empollones, no. Hay otras agrupaciones que parecen aún más consistentes. Separamos a las *mujeres* y a los *hombres*. También separamos a la gente en diferentes *razas*. Muchas agrupaciones sociales pueden parecer un reflejo directo de un hecho biológico. La gente dice, y es mucho el tiempo que lleva diciéndolo, que existen claras diferencias biológicas entre hombres y mujeres, así como entre personas de diferentes

razas. Las agrupaciones son *naturales*. Por lo tanto, la raza y el sexo biológico son –o al menos así se piensa– lo que los filósofos llaman «clases naturales».

Categorizar las entidades en «clases naturales» es –según Platón– como «cortar las articulaciones naturales». En su famosa (y espeluznante) analogía del «carnicero», el mundo presenta auténticas costuras, y una de las tareas del filósofo natural es encontrarlas y dar forma a las cosas en consecuencia. Esta fue también la ambición de Immanuel Kant (del cual hemos hablado en la lección 2) en su tratado de 1775 titulado *Von den Verschiedenen Rassen der Menschen* («Sobre las diferentes razas humanas»). Este texto malsano es un intento de clasificar a los humanos en clases «biológicas» y de ordenar estas «razas» en lo que él veía como una «jerarquía» natural, cuya cima ocuparían los blancos.

Como se puede ver, es deprimentemente fácil que la clasificación racial, que es una distinción entre supuestos grupos raciales, degenere en racismo, que es una *jerarquía* de grupos raciales.

Aunque son muchos los que han criticado a Kant por promover la jerarquía racial –y con razón–, cada vez son más los filósofos que también lo critican por afirmar que las razas son «clases naturales». Aquí podemos lanzarnos a una piscina en constante expansión: la «filosofía de la biología», la cual tiene como cuestión central *si estas clases son, en realidad, naturales*. La respuesta, tanto con respecto al sexo biológico como a la raza biológica, es que no. Nos centraremos en la raza (aunque, si quiere más información sobre el sexo, consulte la obra de la maravillosa Judith Jack Halberstam).

Richard Lewontin es un filósofo de la biología que desafía el concepto de raza desde posicionamientos científicos. Sostiene que es cierto que los marcadores raciales estándar tienen una base genética, pero solo mínimamente cierto, en la medida en que el color de la piel y el cabello son el resultado de una estructura genética específica. También es cierto que *nadie ha encontrado nunca un gen que distinga a una raza*, de tal manera que el 100 % de una raza lo tenga y las demás razas carezcan de él. El análisis

también muestra que la variación genética *dentro* de los llamados «grupos raciales» es mucho mayor que la variación *entre* dichos grupos. Claro que existen algunas similitudes genéticas (por ejemplo, la anemia falciforme es más frecuente en los grupos mediterráneos que en la población de Finlandia), pero estas son más las excepciones que la regla.

Luego está el problema conceptual para los biólogos que quieren hablar de raza. Para averiguar qué factores genéticos vinculan a los miembros de una raza, primero hay que elegir la raza. Pero ¿cómo elegimos una raza antes de saber quiénes son sus miembros? He aquí lo que dice Naomi Zack en su libro de 2011 titulado *The Ethics and Mores of Race* (*La ética y las costumbres de la raza*): «La palabra *raza* es ambigua; unas veces se refiere al color de la piel, otras al color de la piel y a la historia del grupo, en ocasiones a la biología y a la genealogía, y hay casos en los que alude a la cultura por sí misma o a la cultura combinada con otros factores».

En resumen: no existe una base sólida para que los biólogos lleven a cabo sus investigaciones.

¿DEBEMOS IDENTIFICAR LA RAZA?

Dado que la biología es sospechosa, ¿debemos eliminar por completo el concepto de «raza»? Ya que carece de sustancia científica y que conduce al racismo, tal vez deberíamos limitarnos a arrojar esa idea a la basura junto con esas otras ideas científicas anticuadas tales como el flogisto y la Tierra plana.

Esa es la razón que subyace bajo el denominado «principio del daltonismo», que goza de popularidad en algunos círculos liberales. Este principio establece que, ya sea al contratar a alguien para un trabajo o al buscar nuestra media naranja, la «raza» nunca debe ser un ingrediente activo en nuestra toma de decisiones. La discriminación racial no debe formar parte de nuestra vida pública, profesional ni privada.

Aunque el objetivo detrás del principio del daltonismo pueda ser digno, hay buenas razones para desconfiar de él. Por un lado, mientras que la raza puede ser un concepto inerte en las ciencias biológicas, es una parte innegable de nuestra realidad social. La usamos para hablar de nuestra propia identidad y de la de otras personas, y aunque las categorías raciales se «construyen socialmente», eso no significa que no sean reales y que no tengan consecuencias reales para las personas reales a las que se les agrupe realmente en ellas. Tommie Shelby y Reni Eddo-Lodge han probado la importancia política de tener una manera de especificar qué es la raza, ya que necesitamos identificar a los grupos que han sido víctimas de la opresión racial. Eddo-Lodge, en su libro de 2017 titulado *Why I'm No Longer Talking to White People About Race* (*Por qué ya no hablo de raza con blancos*), dice lo siguiente:

«Mi negritud se ha politizado en contra de mi voluntad, pero no quiero que se ignore de forma intencionada con afán de infundir una especie de precaria y falsa armonía».

Las personas negras han sido oprimidas debido a la idea socialmente construida de la raza. Como indica Eddo-Lodge, su identidad racial ha sido «politizada» contra su voluntad. Es un rasgo socialmente activo y ella ha sufrido como resultado de esto. La idea, entonces, es que, aunque haya poca justificación biológica para la «raza», es mejor no accionar el interruptor del daltonismo. Si decimos: «Yo es que no veo razas», estamos ignorando de forma deliberada hechos sociales sobre alguien.

Parece, por lo tanto, que, con independencia de sus fundamentos biológicos, tendremos que seguir hablando de razas. La raza social es real y tiene que ser objeto de debate.

LAS REGLAS DE CLUB

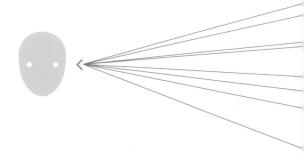

Todos sabemos lo que es sentirse «fuera de lugar». Ya sea en nuestro primer día de colegio o en un nuevo trabajo, todos hemos sentido esa peculiar y desconcertante sensación de *no encajar*. Evóquela: no sabemos lo que está pasando; no sabemos dónde ponernos, con quién hablar ni qué se espera que digamos. Y sentimos la tensión a nuestro alrededor: es la frialdad que emana de los demás. Saben que no sabemos cómo encajar

Pero ¿encajar en qué?

Sally Haslanger, ontóloga social (alguien que observa las realidades sociales), nos animaría a examinar esta sensación de estar fuera de lugar con relación a las creencias de base de la sociedad en la que nos encontremos. Estas creencias de base son lo que Karl Marx llamó «ideología». Michel Foucault las denominó «discurso», mientras que Pierre Bourdieu, «*habitus*». Como señala Haslanger, todos estos términos captan algo del carácter de este conjunto de creencias estructurantes. Marx, Foucault y Bourdieu hablan de un sistema de ideas que se manifiesta en hábitos y formas de hablar (o de discurrir) sobre el mundo.

Pensemos en esto en términos informáticos. La ideología es como el sistema operativo de los ordenadores: Windows 8 o Mac OS X. Todos tenemos programas específicos en marcha —pensamientos y sentimientos específicos—, pero solo funcionan si tenemos un sistema operativo de base. A veces intentamos ejecutar un programa (un pensamiento o una idea) y no es compatible con el sistema de base (así que nos miran raro), pero la mayoría de las veces, el sistema operativo está ahí, permitiéndonos idear nuestros pensamientos cotidianos y vivir nuestra vida.

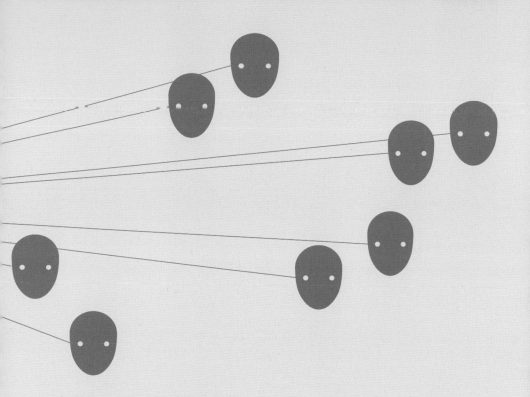

El sistema operativo se descarga de forma automática; es decir, que no somos conscientes de que estamos aprendiendo una ideología específica. Está ahí sin más, enmarcando nuestra experiencia. Como tal, las creencias y los hábitos que contiene rara vez se cuestionan. La brillante Bell Hooks da un ejemplo del marco ideológico en su ensayo de 1994 titulado «Confronting Class in the Classroom» («Confrontar la clase en el aula»):

«Como el silencio y la obediencia a la autoridad eran lo que más se recompensaba, los estudiantes aprendieron que este era el comportamiento apropiado en el aula. El alboroto, la ira, los arrebatos emocionales e incluso algo tan aparentemente inocente como la risa desenfrenada se consideraban inaceptables [...]. Todavía es necesario que los estudiantes asimilen los valores burgueses para que se les acepte».

La mayoría aceptamos que las aulas deben ser lugares de tranquilidad, «cortesía» y «respeto». Si nos pidieran una justificación, podríamos decir que, así, se facilita el debate. (¡Si todo el mundo hablara a la vez, nunca se podría aprender!). Sin embargo, también se podría decir que es importante mostrar *pasión* en el aula. Aprender debe ser emocionante, ¡y los estudiantes deberían poder reír y gritar con entusiasmo! Como señala Hooks, no es inevitable que las aulas estén estructuradas como lo están. La cortesía en el aula es una función de la ideología «burguesa» (por usar otro término marxista).

¿Acaso podría decirse lo mismo de otros aspectos de nuestras vidas? ¿Tal vez de los horarios laborales de nueve a cinco? ¿De las tres comidas diarias? ¿Qué es lo que hemos elegido hacer conscientemente y qué es lo que viene determinado por la ideología?

¡ÚNASE A NUESTRO CLUB!

Ciertas ideologías pueden dar ventajas a ciertas personas sobre otras. De la misma manera que un programa informático como Word podría funcionar mejor en un sistema operativo específico, algunas personas pueden desenvolverse mejor en un «hábitat» que en otro. No porque conozcan las reglas particularmente bien, sino porque se ven «privilegiadas» por el sistema. Hay creencias de base que favorecen a algunas personas por encima de otras.

Simone de Beauvoir, filósofa y novelista francesa del siglo xx, describe este tipo de privilegio de los hombres sobre las mujeres en su libro de 1949 titulado *Le deuxième sexe* (*El segundo sexo*):

«[...] ya he dicho lo hostil que le resulta la calle [a una mujer], si enciende un cigarrillo en la terraza de un café, si va sola al cine, pronto se producirá un incidente desagradable; tiene que inspirar respeto por su vestimenta, su aspecto [...]. "Tiene las alas cortadas"».

Nuestra sociedad está formada por una ideología que privilegia a los hombres. Nos descargamos las reglas de forma automática e inferimos las instrucciones a partir de la forma en que la gente nos trata y lo que vemos en los libros, la televisión y la publicidad.

Pensemos en esto en términos más concretos. Fijémonos, por ejemplo, en Joanna y en Will. Joanna es una joven. Will, su novio, es algo mayor que ella. En la mayoría de los países, se supone que deben ser tratados *legalmente* como iguales. Pero ¿qué pasa desde el punto de vista de la *ideología*? Si lo que dice Haslanger es cierto (y creo que lo es),

Will tiende a disfrutar de poderes que Joanna no tiene. Como norma general, se le dará una mayor credibilidad a él. Se le verá como el artífice de sus propias acciones. Se le definirá solo con relación a sí mismo.

Este es un desequilibrio social que queremos abordar. Pero hay un problema aquí. Como señala el epistemólogo Charles W. Mills, es difícil detectar nuestros sesgos ideológicos, porque los consideramos naturales. Claro que Will puede amar a Joanna, pero le será difícil ver cuándo y cómo está siendo empoderado de forma injusta, porque los sesgos ideológicos que gobiernan a su favor están muy arraigados en la sociedad.

Como también señala Mills, es mucho más fácil ignorar la ideología cuando no se sufren sus efectos. (Si utiliza programas informáticos que funcionen bien en cierta versión de Windows, lo más probable es que no piense en los defectos del sistema operativo). Así que no es solo que Joanna sea la víctima de este prejuicio, sino que es probable que Will sea menos consciente que ella de la situación.

Todos sabemos lo que es sentirse «fuera de lugar». Por desgracia, algunos lo experimentamos mucho más que otros. Mills y Haslanger nos animan a evaluar dónde están nuestros sesgos ideológicos y de cuáles nos beneficiamos. Tómese un momento. Piense. ¿Le han acosado alguna vez en la calle? ¿Sus jefes o profesores se parecen a la gente de su raza social? Cuando fracasa o tiene éxito, ¿la gente lo atribuye a su género? Cuando ve un éxito de taquilla de Hollywood, ¿con quién se identifica? La ignorancia de estas cuestiones puede ser una bendición, pero también es una profunda injusticia.

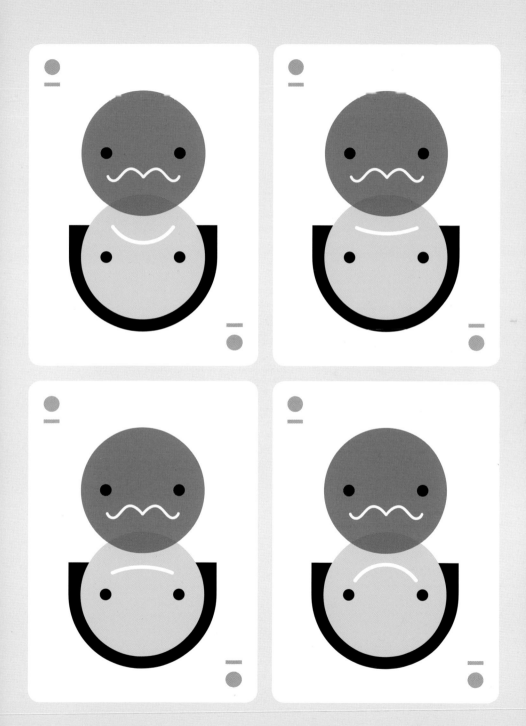

103

LA CULPA ES
CUESTIÓN P
LA RESPONS
ES UN TEMA

UNA
ERSONAL.
ABILIDAD
POLÍTICO.

DESAGRAVIAR

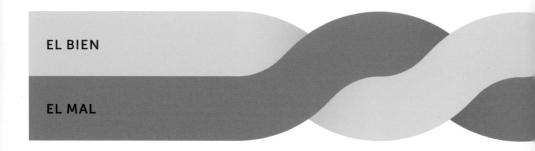

EL BIEN

EL MAL

Tomemos un caso claro de acto inmoral. Bob es codicioso y, además, «moralmente ambivalente». Irrumpe en casa de Hari, le da una paliza y le roba el dinero. Bob, las cosas como son, es culpable de este crimen. Hari merece justicia, y Bob tiene que pagar. Es «moralmente responsable».

Este tipo de historias encajan bien en nuestro modelo estándar de lo que es la responsabilidad. Podemos encontrar una formulación temprana de este modelo en la *Ética a Nicómaco* de Aristóteles, escrita en el siglo IV a. C. En ella, Aristóteles afirma que solo ciertos tipos de seres pueden ser responsables: deben, al menos, poseer la habilidad de *decidir hacer algo con conciencia*. No se puede, por ejemplo, responsabilizar a un árbol por caerse y aplastar un automóvil; no es consciente, no fue su decisión.

Aristóteles ahonda en esta idea. Un agente consciente solo es responsable de un acto si ha decidido hacerlo con libertad (no ha sido coaccionado) y si sabe lo que está provocando. Nadie obliga a Bob a irrumpir en casa de Hari: lo hace con libertad, movido por la codicia. Tampoco se le escapan las consecuencias de sus acciones. Sabe que, al golpear a Hari, le provocará magulladuras, y que el dinero que se lleva no es del Monopoly, sino real. Por lo tanto, hay que considerar responsable a Bob.

La humanidad lleva miles de años valiéndose de este marco de responsabilidad moral. Pero las cosas no son siempre tan sencillas como sugiere la historia de Bob. Hay casos en los que es más difícil determinar la responsabilidad. Imaginemos

que, por ejemplo, estamos sacando a pasear al perro y defeca −¡conmoción! ¡horror!− en un parque público. ¿De quién es la responsabilidad de recoger el excremento? ¿Y qué pasa si nuestro bebé araña un automóvil mientras juega con el sonajero, quién asume la responsabilidad? En ninguno de los dos casos hemos cometido el acto, pero en ambos se nos podría considerar razonablemente responsables.

Ampliemos la historia de Bob. Este, además de ladrón, es un astuto inversor. Tras el hurto, su negocio crece. Él y su esposa disfrutan de un estilo de vida lujoso y tienen muchos hijos. Un par de generaciones más adelante, la bisnieta de Bob, Roberta, forma su propia familia. Las cosas le han ido bien gracias al imperio de su bisabuelo: ha recibido una educación privada,

ha vivido en zonas prósperas de la ciudad y recibe atención médica de primera. Pero, sobre todo, es una buena persona. Colabora con organizaciones benéficas, es amable con sus amigos y ayuda en un refugio para gente sin hogar.

Por desgracia, el crimen de Bob sigue impune. El bisabuelo de Roberta murió hace mucho tiempo, así que, según el modelo aristotélico, el agente responsable no puede rendir cuentas. ¿Significa eso que *nadie* es responsable? Roberta no cometió el crimen, y puede que ni siquiera sepa que se cometiera. No es su culpa que Harriet, la bisnieta de Hari, esté llevando una vida de grandes privaciones debido al crimen impune sufrido por Hari.

¿Cómo encaja esta situación en el modelo aristotélico? No parece que pueda hacerlo.

¿QUIÉN TIENE QUE ASUMIR LA RESPONSABILIDAD?

Hay graves formas de injusticia de las que el modelo de Aristóteles no parece poder tener en cuenta. Tomemos, por ejemplo, la responsabilidad *empresarial*. Una compañía petrolera fleta un barco y se produce un vertido de petróleo. La fauna se destruye, las aguas se contaminan. Ninguna persona en concreto parece haber actuado de un modo erróneo. ¿Sobre quién recae la responsabilidad?

¿Y qué pasa con la responsabilidad *intergeneracional*? Aunque la historia de Bob, Roberta, Hari y Harriet puede parecer forzada, existen innumerables ejemplos de injusticia histórica de los que nadie (según Aristóteles) puede ser considerado responsable.

Tomemos, por ejemplo, el «gran» Imperio británico. Cometió un sinfín de atrocidades en nombre de la reina y del país durante sus siglos de gobierno. La sociedad británica se benefició,

y sigue beneficiándose, de las atroces acciones del régimen colonial. Lo mismo puede decirse de otras potencias europeas, como Francia, Países Bajos, España, Portugal... (la lista, por desgracia, continúa). Sin embargo, según Aristóteles, no se puede responsabilizar a nadie, ya que los perpetradores −los artífices de los crímenes− llevan mucho tiempo muertos.

¿Puede que tal vez Aristóteles, dueño de esclavos, no sea el mejor juez? Cada vez son más los filósofos que piensan que se equivocó por completo. He aquí un breve pasaje del ensayo de 1994 de Albert G. Mosley titulado «A Defense of Affirmative Action» («Defensa de la acción afirmativa»):

«[...] los seres humanos no son entidades atomizadas y egoístas. [Se] conciben a sí mismos como partes de linajes familiares e identidades

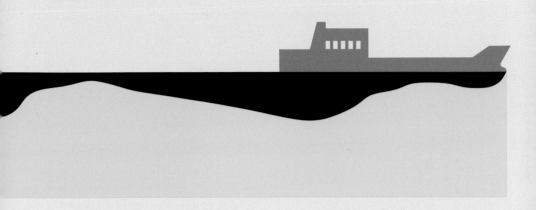

de grupo diferentes, y, la mayoría de las veces,
se preocupan tanto por proporcionar beneficios
a aquellos con los que se identifican como
por beneficiarse a sí mismos».

Mosley sugiere que el modelo individualista de
Aristóteles deja fuera de las acciones injustas una
importante dimensión. No siempre actuamos como
«átomos» egoístas; actuamos como miembros de
comunidades. Los colonialistas británicos no solo
actuaron por sí mismos, sino también por sus
descendientes. Lo mismo ocurrió con los esclavistas
estadounidenses y, en la historia anterior, con Bob.

La sugerencia de Mosley está en la línea de los
pensamientos de la teórica política del siglo xx
Hannah Arendt. Para ella, un individuo debería
responsabilizarse de las acciones de otras personas
cuando esas acciones se realicen por el bien de una
comunidad con la que el individuo se identifique.

Bob cometió su crimen por el bien de su familia.
Roberta se identifica como miembro de esa familia.
Como tal, debería asumir la responsabilidad de la
acción de su bisabuelo.

Puede que le parezca objetable. ¡Ella es
inocente! ¡No hizo nada malo! Y, en cierto sentido,
es verdad. Como señala Arendt en su ensayo de
1987 «Collective Responsibility» («Responsabilidad
colectiva»), la culpa y la responsabilidad son dos
cosas distintas. La culpa, según ella, es una cuestión
personal. La responsabilidad lo es política. Roberta
podría no ser culpable, pero como cuestión
de restitución política, puede ser considerada
responsable por ser miembro de la familia de Bob
y beneficiaria de su injusto acto.

Del mismo modo, los ciudadanos pueden no
ser culpables de injusticias históricas y coloniales,
pero podemos seguir siendo responsables como
miembros de la sociedad que se beneficia de ellas.

LOS DESECHOS MORALES

La Tierra es un lugar bastante grande, con una circunferencia en el ecuador de unos 40000 km y una población de 7500 millones de personas. No es fácil que nos entre en la cabeza semejante magnitud. Así que, para empezar, vamos a ir con cosas pequeñas. Empecemos con Katy.

Los amigos de Katy se van a mudar a un nuevo apartamento. Le han dicho a Katy que puede quedarse en la antigua casa de la pareja durante seis meses —sin pagar— mientras se vende. ¡Genial! Se lo pasa en grande en el vecindario gastándose en fiestas el dinero que se ahorra del alquiler. No es muy ordenada; se le mueren las plantas, pero le da igual. Los seis meses llegan a su fin y decide montar una fiesta de despedida. Las cosas se ponen feas. La música está alta y los vecinos dan golpes en las paredes. A Katy y a sus amigas se les cae vino en el sofá, y los cubos de basura están atestados, pero a Katy no le preocupa. Es lo bonito de las fiestas de despedida: ¡se *marcha*! Esta actitud, pensamos, no hace ninguna gracia. Por un lado, las acciones de Katy tienen efectos dañinos en sus vecinos. Aunque el *rock* no le deja oír los llantos, al lado hay una joven pareja con niños pequeños que lo está pasando muy mal. También está la desconsideración hacia los nuevos propietarios. A los vecinos de tiempo, no de espacio, les va a tocar arreglar el desorden de Katy después de que se marche. Estas son cuestiones éticas antropocéntricas.

También hay efectos negativos en los no humanos. A los perros del vecino, por ejemplo, el *rock* les molesta tanto como a sus dueños. ¿Y se acuerda de las plantas que Katy olvidó regar? Puede que no fueran entidades sensibles, pero eran unas preciosas y raras orquídeas que ahora están arrugadas y muertas.

Trate de imaginar qué poca gracia tiene el comportamiento de Katy a escala global. Las consecuencias del calentamiento global no son solo plantas en macetas marchitas y compradores de casas irritados; las consecuencias son inundaciones enormes, desertificación y muerte.

Los éticos medioambientales se pueden dividir en dos grupos. Algunos se centran en cuestiones *antropocéntricas*. William Blackstone, por ejemplo, sostiene que el calentamiento global es negativo porque es perjudicial para el ser humano. Y a todas luces lo es. Ya ha comenzado a afectar a las personas. Por ejemplo, se están inundando islas en el golfo de Bengala, y el río Tajo, en la península ibérica, del que dependen millones de personas, se está secando.

Rupert Read también habla de cuestiones antropocéntricas, pero se centra en los vecinos de tiempo: las generaciones venideras de humanos.

Sostiene que nuestra forma de tratar el medio ambiente está creando unas condiciones espantosas para nuestros descendientes. Volviendo a los temas de lo que hablamos en la lección 15, Read dice que estamos cometiendo «injusticias intergeneracionales».

También hay filósofos que se centran en cuestiones *no antropocéntricas*. Ya vimos (en la lección 7) que Peter Singer piensa que los animales no humanos son dignos de consideración moral. Teóricos tales como Aldo Leopold creen que las entidades no sensibles, tales como los bosques o los ríos, también son dignas de tal consideración. ¿Se acuerda de las orquídeas de Katy? Su muerte puede que no constituya un mal para los humanos, pero Leopold piensa que hay algo intrínsecamente preocupante acerca de matar estas entidades naturales. Le preocupa que las usemos y maltratemos sin entender en su totalidad las complejas relaciones que existen entre ellas (y nosotros).

«Una acción es correcta cuando tiende a preservar la integridad, estabilidad y belleza de la comunidad biótica. Es incorrecta cuando tiende a lo contrario».

Antropocéntricos o no, los daños que provoca el calentamiento global causado por el ser humano son éticamente preocupantes.

¿PODEMOS CONFIAR EN LOS EXPERTOS?

La ética medioambiental ha dado pie a una abundante discusión filosófica. Sin embargo, la mayoría de los debates que se escuchan en la calle no se refieren a si el cambio climático causado por el ser humano es perjudicial o no, sino a si es real o no.

No me dedico a la climatología. La descripción que se hace en este capítulo del calentamiento global es un resumen básico de lo que he aprendido en internet. La climatología, como la astrofísica y la bioquímica, es un campo complejo y lleva años comprender sus sutilezas, por lo que es inevitable que confíe en las pruebas de otras personas al conformar mi opinión al respecto. Esta confianza, sin embargo, contiene un pequeño elemento de

riesgo epistémico. Y es en eso en lo que se centran los «escépticos climáticos». Lo que dicen es que *tal vez nos estemos fiando de personas de las que no tendríamos que fiarnos.*

Si le preocupa esto, le convendría leer la obra del filósofo francés del siglo XVII Blaise Pascal. Es famoso por un argumento que aparece en sus *Pensées* (*Pensamientos*), que se le ha denominado «la apuesta de Pascal». Esta gira en torno a un tema muy debatido en la época: la existencia de Dios. ¿Existe una deidad suprema? En los *Pensamientos*, Pascal aleja de un modo ingenioso la discusión de si hay pruebas o no *a favor* o *en contra* de la existencia de Dios. Lo que dice es que es mejor actuar como

si Dios existiera. ¿Por qué? Porque las posibles recompensas son infinitas: ¡una eternidad en los cielos! Y porque los posibles castigos son infinitos: ¡una eternidad en los infiernos! Estos resultados, al ser infinitos, superan toda recompensa (placeres mortales) o castigo (privaciones mortales) finitos que se puedan disfrutar o padecer si Dios, al final, no existiera.

Este principio puede aplicarse bien a la afirmación de los escépticos climáticos. Tal vez el cambio climático causado por el ser humano no sea real. Pero es mejor actuar como si lo fuera. ¿Por qué? Bueno, imaginemos que actuáramos como si lo fuera cuando no lo fuera: ¿qué desventajas habría?

Podríamos, por ejemplo, imponer sanciones contra la explotación petrolífera, el *fracking* o la minería del carbón. A su debido tiempo, estas sanciones se revocarían si se viera que no funcionasen. Es decir, son finitas. Imagínese que, por el contrario, actuáramos como si el calentamiento global no fuera real, y resultara que sí lo fuera. Habríamos agotado recursos finitos y destruido ecosistemas milenarios. Son desastres irrevocables y sin solución. Los efectos nocivos para el ser humano pueden ser infinitos.

Puede haber un pequeño riesgo epistémico en confiar en los climatólogos, pero los beneficios de combatir el calentamiento global son *infinitos*. Parece muy claro a qué hay que apostar.

HERRAMIENTAS

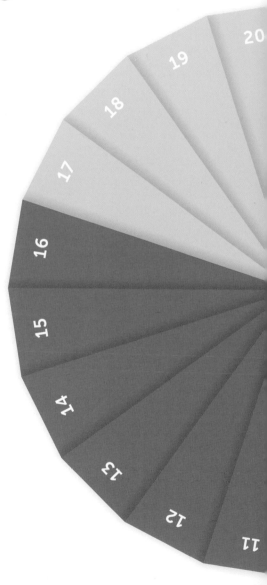

13

No parece haber justificación biológica para decir que las «razas» sean «clases naturales». En cualquier caso, es importante reconocer la «raza» como una categoría social.
Punto de reflexión ¿Existen otras agrupaciones «naturales» —tales como «hombres» y «mujeres»— que se pudieran beneficiar también de un examen más minucioso?

14

Experimentamos el mundo a través del filtro de la ideología, y, a veces, esto nos anima a dar más poderes a unas personas que a otras.
Punto de reflexión ¿Podemos localizar nuestros sesgos ideológicos sin la ayuda de los demás?

15

Solemos pensar que solo somos moralmente
responsables de las acciones que hemos llevado
a cabo nosotros mismos. Existe, sin embargo, una
diferencia entre responsabilidad y culpa. Se puede
(y a veces se debe) asumir la responsabilidad
de acciones que no hemos llevado a cabo.
Punto de reflexión ¿Podemos ser culpables
de algo que no hemos hecho?

16

El calentamiento global provoca tanto daños
antropocéntricos como no antropocéntricos.
Y aun cuando no estuviéramos seguros de
las evidencias científicas del cambio climático,
es importante actuar como si lo estuviéramos.
Punto de reflexión El calentamiento global
amenaza la vida de nuestros descendientes, pero
¿podría llevar la creación de nuestros descendientes
al calentamiento global?

PARA APRENDER MÁS

LECTURAS

The Equality Illusion
Kat Banyard (Faber & Faber, 2011)

La ética del cambio climático
James Garvey
(Proteus Libros y Servicios Editoriales, 2010)

Female Masculinity
Judith Jack Halberstam (Duke University Press, 1998)

Man Made Language
Dale Spender (Rivers Oram Press, 1980)

PODCASTS

**«Reparations» (5 de febrero de 2017),
Philosophy Talk**
Ken Taylor y John Perry charlan con
Michael Dawson. Tenemos la suerte de vivir
en una época de estupendos *podcasts* filosóficos:
Philosophy Talk, transmitido desde la Stanford
University, es uno de ellos.

AUDIOVISUALES

13th
Dirigido por Ava DuVernay, este brillante documental
pone de manifiesto la estructura ideológica opresiva
y profundamente perturbadora que subyace tras
el sistema carcelario estadounidense.

Direktøren for det hele (El jefe de todo esto)
Esta comedia danesa dirigida por Lars von Trier
invita al público a considerar sobre quién recae
la responsabilidad (y hasta dónde se puede llegar
para evitarla).

«Britain Does Owe Reparations»
El reputado político hindú Shashi Tharoor habla en
la Oxford Union sobre la cuestión de la reparación
histórica.
www.youtube.com/watch?v=f7CW7S0zxv4

VISITAS

Battle of Ideas
Organizado por el Institute of Ideas, el festival
Battle of Ideas se celebra cada año en el barrio
londinense de Barbican. Los temas son muy
variados, y los ánimos suelen caldearse de
un modo muy interesante.

EL OCIO

LECCIONES

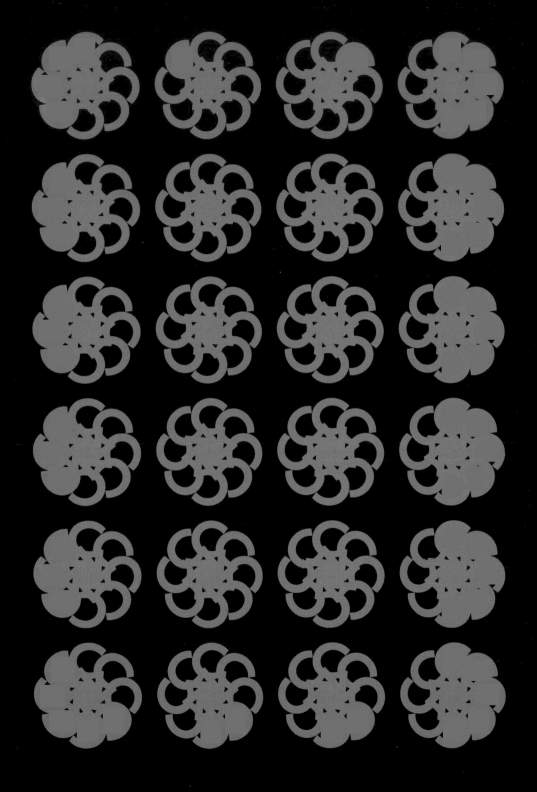

«El arte progresista puede ayudar a las personas a aprender no solo sobre las fuerzas objetivas que actúan en la sociedad en la que viven, sino también sobre la intensidad social de la vida interior».
Angela Davis

La filosofía, como el azucar glas de los donuts, lo cubre absolutamente todo. Incluidos los donuts. La estética −el estudio de la naturaleza de la belleza− abarca las discusiones sobre el gusto... ¿y quién puede hablar del gusto sin hablar de los donuts? Desde Platón, los filósofos han considerado las artes plásticas, la literatura, las aficiones y los pasatiempos objetos dignos de una atención intelectual, de ahí que el ocio sea el tema central de nuestro último capítulo.

¿Le dejó *A Nightmare on Elm Street* (*Pesadilla en Elm Street*) tartamudeando? ¿Se ha parado alguna vez a pensar cómo es posible que nos dé miedo algo que sabemos que sin duda alguna no es real? En la lección 17, hablaremos de nuestras respuestas emocionales a los monstruos cinematográficos y de la «paradoja de la ficción». Puede que no evite que grite viendo de *The Ring* (*El anillo*)... pero le ayudará a no sentirse tan mal por hacerlo.

Tal vez no le guste el cine de terror. Este, con sus criaturas y sus trillados tropos de serie B, tiende a encuadrarse dentro de lo que la gente llama «arte bajo», que está en las antípodas del «arte elevado» de Mozart o Barbara Hepworth. ¿El hecho de que clasifiquemos así las obras de arte significa que existe un «estándar objetivo del gusto»?

Pese a que nuestras preferencias artísticas pueden variar, la mayoría estamos de acuerdo en que el buen arte −ya sea la literatura, los videojuegos o la pintura− muestra creatividad. Hay personas de las que decimos que son «creativas». Aunque es algo bueno para los artistas, la «creatividad» no es algo que resulte evidente de forma inmediata. Pensadores tales como Platón y Virginia Woolf nos ofrecen respuestas a esta cuestión. En la lección 19 reflexionaremos creativamente sobre la creatividad.

En la última lección, examinaremos una forma de arte relativamente nueva: los videojuegos. La tecnología avanza a un ritmo exponencial, y los programas de realidad virtual (RV) plantean serios interrogantes sobre la realidad no virtual (o como solía llamarse, «realidad»). ¿En qué se diferencian nuestras vidas de las simulaciones informáticas?, ¿qué significa esto para nuestro sentido de identidad? Como en muchos de los capítulos anteriores, examinaremos la idea de que nuestra creencia en un yo único y unificado ya no parece tan natural como antes. ¿Está bien que sea así? ¿Es preferible? Como yo único y de demostrable simplicidad, dejo en sus manos la decisión.

EL CINE DE TERROR

Las palmas sudadas. Las palomitas por el suelo. Los gritos ahogados cuando el monstruo aparece en pantalla. Todos sabemos que el cine de terror puede ser genuinamente terrorífico. Puede hacernos temblar y que se nos pongan los pelos de punta. Puede, literalmente, ponernos al borde del asiento. Y no es el único tipo de cine que provoca reacciones emocionales. Aviso de *spoiler*: ¡el cine romántico puede ser romántico! Puede hacer que nos dé un vuelco el corazón. Y las comedias pueden ser cómicas, el cine de suspense nos puede dejar en suspense y los dramas pueden ser dramáticos.

Todo esto es bastante indiscutible. Y, sin embargo, si *de verdad* nos asustara el monstruo de la película, ¿no saldríamos del cine gritando? ¿No saldríamos corriendo a advertir a nuestros familiares y amigos sobre la presencia de Freddy Krueger, asesino en serie y controlador de los sueños? No cabe duda de que para asustarnos de verdad, tenemos que creer que hay algo de lo que estar asustados, y, con todo, sabemos que Krueger es un producto de la imaginación de Wes Craven. Sabemos que la acción que transcurre en pantalla la interpretan actores ante un equipo de rodaje.

A este fenómeno se le conoce como «paradoja de la ficción». Es un término que acuñó Colin Radford en su artículo de 1975 titulado «How Can We Be Moved by the Fate of Anna Karenina?»

(«¿Por qué nos conmovemos por el destino de Ana Karenina?»). Su paradoja cuenta con tres premisas; todas parecen ciertas, pero, en conjunto, parecen contradecirse entre sí.

La primera premisa sostiene que para que nos conmovamos ante personas o circunstancias, tenemos que pensar que *existen* (o *han existido*) *de verdad*. Parece verosímil, ¿no? Rara vez nos conmueve aquello que sabemos que es falso. Puede que nos entristezca que se nos muera un hámster, pero no tendría sentido que nos entristeciera si lo viéramos después vivo y coleando.

La segunda premisa es que si la ficción nos absorbe —libros, cine, televisión y videojuegos—, esas «creencias en la existencia» no se dan. Parece sencillo, ¿no? No creemos que Freddy Krueger sea real: sabemos que está maquillado.

Finalmente, la tercera premisa afirma —también de forma verosímil— que los personajes y las situaciones de ficción realmente nos conmueven. Nos dan miedo los monstruos ficcionales, nos enamoramos de protagonistas ficcionales. *La ficción nos afecta.*

Como señala Radford, es difícil —es más, imposible— que todas estas premisas sean ciertas. ¿Cómo podemos emocionarnos por personajes que sabemos que no existen cuando para que nos emocionemos tenemos que creer en su existencia? *He aquí* la paradoja de la ficción.

Los filósofos han propuesto distintas
respuestas. Eva Schaper, por ejemplo,
niega la verosimilitud de la primera premisa:
cree que nos conmovemos no porque creamos
que algún personaje sea realmente real,
sino porque pensamos que posee ciertas
características dignas de suscitar temor
o amor. Kendall Walton rechaza la tercera
premisa: cree que no nos asustamos de verdad,
sino que jugamos a una especie de juego.
Fingimos. Hay quienes cuestionan la segunda
premisa, sugiriendo que a veces nos vemos
llevados a suspender nuestra incredulidad...
¿y tal vez, no con poca frecuencia,
sospechamos que Freddy Krueger es real?
(¿y cómo podríamos demostrar lo contrario,
¡si se esconde en nuestros sueños!).

Piense en ello la próxima vez que vaya
a ver un filme de terror. ¿Le da miedo?
¿O solo está fingiendo? ¿Cree sinceramente
que el monstruo es real? Y, si no... ¿por qué
le tiemblan las manos?

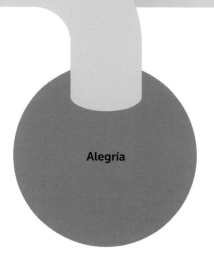

Alegría

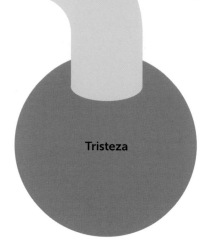

Tristeza

ÚTIL... ¿O PELIGROSA?

Sea cual sea su opinión sobre la paradoja, el hecho es que la ficción nos conmueve. Algunas historias nos entristecen, otras nos alegran, asustan o incluso nos enojan. La ficción puede inspirar delicadas y sutiles emociones. Puede infundirnos sensación de justicia, o alimentar sentimientos de amor hacia nuestra pareja. Ese es el poder de la ficción.

Además, también tiene otros efectos que resultan inquietantes. Las películas horripilantes pueden provocar angustia existencial. Los críticos de la ficción violenta suelen decir que fomenta actitudes violentas en la sociedad (un idea que mencionamos en la lección 12). Al cine de Tarantino, por ejemplo, se le ha acusado de *darle un tratamiento glamuroso* a la violencia y de *normalizarla*, una actitud con la que estaría animando a la gente a ser violenta. Estos supuestos efectos han llevado a que haya gente que pida censura.

Existe, sin embargo, una idea antigua, tratada por Aristóteles, que se opone a la afirmación de que todas las representaciones de la violencia sean perjudiciales. Algunas, de hecho, podrían considerarse útiles. Fijémonos en uno de los filmes de Tarantino, *Inglourious Basterds* (*Malditos bastardos*). Es gráficamente violenta y tiene sangre para parar un tren. Se trata de una fantasía de venganza. En él, Tarantino se imagina a un grupo de soldados judíos que se dedican a destrozar nazis durante la Segunda Guerra Mundial y que −en una reescritura de la historia− asesinan a Adolf Hitler.

Aunque puede que la película no sea para todos los gustos, presenta una variedad de escenarios ficticios donde a unas personas históricamente oprimidas se les da la oportunidad de reparar mediante la violencia las injusticias violentas. Podríamos pensar que esta película alienta lo que

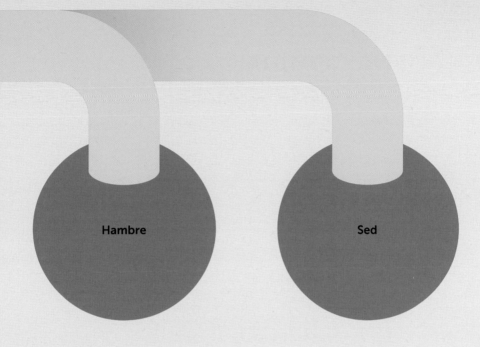

Hambre

Sed

Aristóteles, en su *Poética*, llamó «catarsis». Para Aristóteles, las emociones están relacionadas con la moralidad. Por ejemplo, debemos cultivar nuestras emociones para sentir alegría cuando nos comportemos bien y tristeza cuando hagamos el mal. Son movimientos (de ahí que nos «conmuevan») corporales, tales como el hambre o la sed, de los que tendríamos que valernos para actuar de la forma correcta. Algunas respuestas emocionales deben propiciarse; otras, evitarse (ser controladas), y entre sus diversos métodos para *controlarlas* se encuentra la catarsis. Esta es como abrir la válvula de los sentimientos insalubres o inútiles: «Una tragedia, entonces, es la imitación de una acción [...] con incidentes que despiertan piedad y temor, con lo cual se logra la catarsis de tales emociones». Como dice en la *Poética*, las tragedias despiertan piedad y miedo de tal

manera que se pueden liberar los excesos peligrosos de estas emociones que pueda tener el público. La tragedia provoca lágrimas o gritos, lo que hace que se purguen la piedad y el temor. Están dirigidas a algo ficticio para que, de este modo, el público pueda centrarse con mayor claridad en los asuntos prácticos de su vida cotidiana.

Los miembros de grupos que han sufrido injusticias históricas pueden sentir ira. Pero tal vez sin un objetivo práctico (si, por ejemplo, los perpetradores están muertos). Puede ser que tampoco quieran cometer *auténticos* actos de violencia. Sin embargo, las representaciones fílmicas de la venganza violenta pueden funcionar de forma *catártica*. Pueden disipar la ira y dar pie a la cuestión práctica y menos emocional de la reparación económica.

Esa, al menos, sería la opinión de Aristóteles. Y tal vez la de Tarantino también. Pero ¿es la suya?

LA BUENA COMIDA

¿Conoce la crema Marmite? ¿Y la Vegemite? ¿Esa sustancia negra y viscosa que venden en los supermercados? Es una extraña levadura subproducto de la elaboración de cerveza... y la gente se la come. La ingieren sin que nadie les obligue, en todo su salado y pegajoso horror. A algunas personas les encanta. A otras (entre quienes me incluyo), no.

¿Tienen razón los amantes de la Marmite cuando dicen que es deliciosa? ¿Me equivoco yo al decir que es abominable? Tal vez piense que son preguntas que no proceden. Lo más probable es que sea una «cuestión de gustos». Algo «subjetivo». Y no hay más. Lo mismo puede decirse de la ópera, el *hip-hop*, las comedias y los filmes de acción. Así, encontramos en la esfera de la estética el dicho latino: «*De gustibus non est disputandum*». «De gustos no se discute».

El filósofo escocés del siglo XVIII David Hume sí que discutió. En su célebre ensayo de 1757 «Of the Standard of Taste» («Sobre la norma del gusto»), señaló que, aunque a cada uno nos gustan unas cosas diferentes, existe un acuerdo general de que algunas de estas cosas son mejores que otras.

La mayoría de la gente, por ejemplo, coincidirá en que las novelas de George Eliot son de un valor artístico muy superior al de las de John Grisham. La mayoría de las personas dirán que las pinturas de Frida Kahlo están mucho más logradas que las del expresidente estadounidense George W. Bush.

Hume sugiere que nuestro veredicto colectivo de que Eliot escribe mejor que Grisham se basa en que hay unas normas objetivas del gusto. Hay una medida, al margen de las preferencias personales, que nos permite decir que la obra de Kahlo es más bella que la de Bush. Pero ¿cómo podemos determinar esta norma objetiva? Lo que dice Hume es que la verdadera medida del gusto se encuentra «en el veredicto conjunto de los auténticos jueces». Hay ciertas personas con una habilidad especial para evaluar las obras de arte. Y es en la opinión de estas personas en lo que debemos confiar.

Parece tener sentido. Al parecer, hay personas con un mejor sentido estético que otras. Los catadores de vinos, por ejemplo, tienen paladares más desarrollados y pueden detectar y articular sutiles gamas de aromas que para otras personas no son más que «vinosos». Del mismo modo, hay expertos conocedores de la comida y del teatro.

«Un sentido fuerte, unido a un sentimiento delicado, mejorado con la práctica, perfeccionado por medio de la comparación y liberado de todo prejuicio, puede por sí solo dar derecho a los críticos a este valioso carácter; y el veredicto conjunto de los mismos, dondequiera que se encuentren, es la verdadera norma del gusto [...]».

A lo que se refiere Hume es a que un «auténtico juez» posee un refinado sentido estético y que cuenta con la capacidad de juzgar las obras de arte por sus propios méritos. Estos jueces tienen una visión más clara que el resto de las personas, que carecemos de la formación y la disposición necesarias para determinar dónde está el gran arte. Claro que no son infalibles —por eso Hume pide un «veredicto conjunto»—, pero, juntos, estos jueces pueden establecer las normas objetivas del gusto... O eso es lo que Hume quiere hacernos creer.

LA TIRANÍA DEL GUSTO

Hay algo bastante preocupante en las afirmaciones de Hume sobre la objetividad estética.

Pensemos, de nuevo, en qué se basa para decir que existen normas objetivas. Hay obras, señala, que «gustan universalmente en todas las naciones y en todas las épocas». Es una aseveración muy audaz. ¿Dónde están las pruebas de lo que dice? ¿Cuán extensiva ha sido su investigación? ¿En *todas* las naciones y en *todas* las épocas? ¿Tiene acaso sentido esta afirmación? Tomemos un ejemplo muy inequívoco de la excelencia artística occidental. *Hamlet*, de William Shakespeare. ¿Cómo podría una obra de este tipo haber sido accesible incluso a una mínima diversidad de culturas? El público tendría que entender el inglés del siglo XVI, las costumbres sociales (incluidos los chistes de mal gusto) y las múltiples convenciones teatrales. ¿Hasta qué punto es verosímil esto? Incluso si a todos en Europa les gustara Shakespeare, la afirmación de Hume seguiría siendo un mal razonamiento inductivo de una muestra demasiado pequeña.

Junto con esto, hay críticas a la política de la estética de Hume. Una vez que empecemos a dudar de las normas objetivas del gusto, nos preguntaremos a qué se dedican en realidad los jueces. Los estetas, como Richard Shusterman y Carolyn Korsmeyer, sugieren que hay algo decididamente siniestro en los «auténticos jueces» de Hume. Lo que dicen es que Hume le confiere a ciertas personas el poder de decir qué es bello y qué no lo es.

Imagine que va a trabajar un día y el gerente de la oficina, Alan, se le planta delante. Alan tiene una desafortunada afición por las corbatas vistosas. Hoy lleva una realmente atroz que tiene un payaso. Un payaso de lo más espeluznante. Por desgracia, la gente también cree que Alan es uno de los «auténticos jueces» de Hume. Como tal, él y sus colegas jueces pueden ahora decir que las corbatas vistosas (sobre todo las que tengan payasos) son categórica y objetivamente preciosas e hilarantes. No es solo su opinión. Es la verdad. Como en su caso no es juez, no importa lo que piense ni cuánto deteste las corbatas vistosas: sus gustos se definirán para siempre con relación a los estándares de Alan.

Pensemos en el tipo de personas a las que Hume nombraría jueces. Pensemos en los catadores de vinos. Disponen del tiempo y el dinero necesarios para degustar una gran cantidad de vino con la que «refinar el paladar». Se trata de personas que, como dice Shusterman, se han visto «socialmente privilegiadas a lo largo de la historia». Tienen tiempo libre, beben alcohol, toman cursos de historia del arte y leen. Esto es lo que subyace en el ensayo de Hume: la gente que tiene estos privilegios es la que decide qué es bello.

Eso, sin duda, no puede ser así: ¿o sí?

¿ESTÁ SEG
DE NO ESTA
UN VIDEOJU
MISMO?

RO

R EN

EGO AHORA

EL GENIO CREATIVO

Nos gusta cuando nuestras obras de arte, nuestros libros, nuestra música y nuestras películas son «creativas». Celebramos la creatividad de nuestros autores, compositores y diseñadores de juegos. Cuando digo: «Es muy creativa», es algo positivo. Pero ¿por qué? ¿Qué es exactamente la creatividad? ¿En qué consiste esta peculiar fuerza que tenemos en tan alta estima?

Hay una maraña de ideas que asociamos con la noción de creatividad. La originalidad es una de ellas. La capacidad de crear, claro está, es otra. Pero ¿qué significa ser una persona creativa? A menudo caracterizamos el acto creativo como una suerte de espasmo: nos llegan «estallidos de energía» creativa que parecen surgir de la nada y que dan lugar a poderosas y originales obras de arte.

Este elemento involuntario e irregular aparece en la concepción de la creatividad que se encuentra en el diálogo de Platón titulado *Ion*, escrito en el siglo v a. C. En él, Platón describe cómo los poetas, tales como Homero y Hesíodo, crearon sus obras de una manera no planeada, casi inconsciente. Les tocó la «inspiración divina»; actuaron, no como agentes conscientes, sino como conductos de alguna otra fuerza. *Inspiración* procede de la misma raíz en latín que *respirar*, y, para Platón, eran los dioses los que les *insuflaban* vida a las mentes de los poetas.

Esta idea ha persistido, aunque el elemento «divino» ha desaparecido en gran medida. La creatividad de los artistas se ha naturalizado (se ha explicado en términos del reino natural en lugar de del divino). La gente tiene «sentimientos», «inclinaciones» y «sensaciones» creativas. Tal vez usted, por una rareza genética, sea una persona creativa, o propensa a los estallidos de creatividad. O quizá sea una persona tremendamente sosa. La creatividad se tiene por un rasgo de la personalidad, no por algo que se pueda aprender.

Dato curioso: Platón odiaba a los poetas. En su tratado *La república*, los expulsaba de su ciudad-Estado ideal (y eso a pesar de la vertiente poética de sus propias obras). Para Platón, los artistas, literalmente, no saben de lo que hablan.

Producen obras de arte, no a partir de su ingenio o de su sabiduría, sino de forma involuntaria. Es por eso por lo que no habría que celebrarlos. Ni fiarse de ellos. En el *Ion*, hace que Sócrates describa de este modo la situación:

«De ahí que todos los poetas épicos, los buenos, no es en virtud de una técnica por lo que dicen todos esos bellos poemas, sino porque están endiosados y posesos [...]».

Posesos es una palabra muy contundente aquí, sobre todo para Platón. Implica que los poetas pierden el control de sus facultades cognitivas. Sus arrebatos de creatividad lo son también de locura, y, lo peor de todo, para Platón, que valoraba la razón por encima de todo lo demás, son casos de irracionalidad. Así que, aire, fuera de la república.

¿Una reacción desproporcionada? Es probable. En fechas más recientes, los filósofos han analizado el concepto de creatividad de una forma un tanto diferente. Paisley Livingston piensa que la creatividad es, a todas luces, algo más que un espasmo mental involuntario. La siguiente cita procede de su ensayo de 2009 titulado «Poincaré's "Delicate Sieve"» («El "delicado tamiz" de Poincaré»):

«Un buen artista, al parecer, no es solo alguien que tenga el don de generar de forma inconsciente nuevas combinaciones [...] sino alguien que tenga la propensión a reaccionar con sensibilidad a sus propios resultados, seleccionando los que correspondan a un esquema de valor artístico».

A diferencia de Platón, Livingston sugiere que la creatividad es más que la generación inconsciente de cosas nuevas. Implica la capacidad de *considerar* lo que se esté generando y de centrarse en ciertos elementos en lugar de en otros. No toda la creatividad es una acción desbocada. Puede ser considerada y ordenada con relación a marcos específicos, ya sean convenciones artísticas, fílmicas o literarias.

Los actos creativos no tienen por qué ser irracionales de ninguna manera.

¿PODEMOS CREAR CREATIVIDAD?

No es raro escuchar cómo se describe a las personas como «creativas» de la misma manera que se las podría describir como «altas» o «bajas», o «alegres» o «buenas en matemáticas». La creatividad se halla entre esos rasgos de la personalidad que la gente piensa que se dan «de forma natural». William Shakespeare, podría decir alguien, nació para ser un genio creativo.

Como hemos visto, Platón interpretó tales rasgos con relación a los dioses. Hoy en día, podemos pensar que algunas personas tienen una *disposición genética* para ser más creativas que otras (aunque, como vimos en la lección 13, este tipo de «reduccionismo genético» puede ser peligroso). A Virginia Woolf, la novelista británica, le contrariaba esta opinión. En su obra de 1929 *A Room of One's Own* (*Una habitación propia*), enfatizó el grado en que la creatividad depende de las *circunstancias materiales*, y como resultado, cómo algunas figuras (sobre todo hombres) han sido consideras más «creativas» que otras.

«Una mujer —dice Woolf— debe tener dinero y una habitación propia para poder escribir novelas».

Da el ejemplo de Judith Shakespeare. ¿De quién? Judith, nos dice Woolf, es la hermana de Shakespeare. Mientras Will estaba en la escuela, aprendiendo pentámetros yámbicos y metáforas, Judith estaba atrapada en casa encargándose de las tareas domésticas. William aprende. Judith es castigada por lo «poco femenino» de sus aficiones librescas. Tiene tareas que hacer, por lo que su capacidad de crear, con creatividad, se ve limitada, a pesar de tener «el mismo espíritu de aventura, la misma imaginación, la misma ansia de ver el mundo que él».

Woolf nos lleva a preguntarnos si la gente nace creativa o se hace. Y, lo que es más importante, llama la atención sobre el hecho de que existan grandes diferencias en cuanto a quién puede ejercer su creatividad. Dado su poder (descrito en la lección 17), es preocupante que solo a ciertas personas se les haya permitido ser creativas.

Es un problema. Y de los grandes. ¿Cómo se puede resolver? Bueno, en primer lugar, deberíamos pensar creativamente en cómo mejorar las condiciones materiales de todos los futuros escritores.

LA VIDA VIRTUAL

Los videojuegos son increíbles, ¿verdad? La nueva PlayStation tiene unos gráficos tan buenos que hacen que nos duelan los ojos. Tiene más definición que la realidad. El nivel artístico y el detallismo de sus diseños es increíble, y los mundos que se generan en esas consolas son de un alcance y una creatividad impresionantes.

Y también está la tecnología de la realidad virtual (RV), como la de los cascos Oculus Rift, que nos permiten disfrutar de una inmersión de 360° en mundos virtuales. Y la realidad aumentada (RA) en la que se basan juegos tales como *Pokémon Go*, que combina el juego con la vida cotidiana a través del prisma de nuestros *smartphones*.

Sí. Los videojuegos son increíbles. Y son bien conocidos por provocar poderosos interrogantes filosóficos.

El filósofo francés del siglo XVII René Descartes es célebre por su libro *Méditations metaphysiques* (*Meditaciones metafísicas*), en el que induce una duda radical sobre el mundo exterior. «¿Cómo sé que no estoy soñando?», se pregunta. «¿Cómo sé que no soy víctima de una travesura impía de un genio maligno?» (lo estoy parafraseando). Descartes, claro está, no sentía un escepticismo real con relación a la existencia del mundo real, y la hipótesis del «genio maligno» es un método del que se valió para dar con ciertas verdades indudables (como su celebrada tesis: «Pienso, luego existo»). Aun así, estos rompecabezas no nos han abandonado, y no cuesta ver cómo la tecnología de los videojuegos motiva otros similares. ¿Cómo podemos estar seguros de que no estamos jugando a uno ahora mismo? ¿A uno muy realista que implique sentarse y leer un libro titulado *Pensar de otra manera*?

El futurólogo Nick Bostrom, en un artículo de 2003 titulado «Are you living in a computer simulation?» («¿Vive en una simulación informática?»), aborda estas cuestiones cartesianas desde una perspectiva con un interesante giro. Presenta lo que se ha dado en llamar «argumento de la simulación».

Comienza con dos supuestos bastante verosímiles. En primer lugar, propone que la civilización humana puede llegar a producir una tecnología de RV que haga que la realidad virtual sea indistinguible de la realidad («madurez tecnológica»). Dado el ritmo actual del progreso de los videojuegos, no parece nada inverosímil. En segundo lugar, cree que los mundos virtuales, poblados de seres como nosotros, pueden llegar a ser cada vez más populares, y de nuevo esto parece posible, dada la demanda de juegos como *The Sims* y *Second Life*.

A partir de estas conjeturas, nos ofrece tres proposiciones. Una de ellas, señala, es cierta.

01. Casi todas las civilizaciones en nuestra etapa de desarrollo tecnológico se extinguirán antes de alcanzar la madurez tecnológica.

02. Todas las civilizaciones tecnológicamente maduras dejarán de tener interés en crear simulaciones sobre la vida humana.

03. Casi con toda seguridad, estamos en una simulación informática.

A Bostrom no le interesan las cuestiones «espistemológicas» de Descartes. No parte

de una postura de duda. Asume que todo es exactamente lo que parece. Los ordenadores avanzan. La tecnología está desdibujando la línea entre lo que es real y lo que no. Su argumento pretende sacar a la luz las implicaciones de estos avances probando una propuesta tras otra.

¿Podría no ser cierta la primera propuesta? ¡Sí! A la espera de la lluvia radiactiva, tal vez aún podamos alcanzar la madurez tecnológica.

¿Y qué pasa con la segunda proposición? Dado el interés actual por la RV, parece probable que nuestro entusiasmo por estas simulaciones se prolongue en el futuro.

Esto nos deja con la tercera proposición. Las civilizaciones tecnológicamente maduras tendrán el poder de procesamiento capaz de ejecutar números astronómicos de simulaciones –millones o miles de millones–, por lo que habrá muchas, muchas más personas simuladas como nosotros que personas no simuladas.

Todo ello conduce a la «hipótesis de la simulación», según la cual es más probable que seamos personas simuladas que no. Digiera esta idea. ¿Qué le hace sentir? ¿Qué implicaciones tiene para usted y su forma de vida?

¿DÓNDE TENGO LA CABEZA?

Para filósofos como Bostrom, existe una clara posibilidad de que seamos seres muy diferentes de las entidades que creemos ser. ¿Tal vez existimos en ordenadores, como cerebros en recipientes o en la misteriosa «nube»?

De ser así, tendríamos un carácter «ontológico» muy diferente. (*ontos*, en griego, significa más o menos «ser»). Sin embargo, no tenemos por qué adentrarnos tanto por los reinos de la fantasía científica para cuestionar nuestro estado ontológico. Nuestras vidas en internet, tal como existen ahora mismo, nos hacen cuestionar las nociones tradicionales del yo.

Tendemos a pensar en nosotros mismos como humanos, como seres biológicos con límites físicos concretos. Tenemos límites definidos (la piel). En el curso normal de los hechos, nuestras partes no tienden a separarse unas de otras. Pensamos en nosotros mismos como un único ser que se mueve, se comunica, tiene recuerdos, es consciente de sí mismo y tiene una vida interior privada.

Donna Haraway y N. Katherine Hayles sugieren que los recientes avances tecnológicos nos llevan a cuestionar este panorama. Tienen la idea de que, tal vez, estamos yendo más allá de lo humano... y convirtiéndonos en «poshumanos».

En su recopilación de ensayos de 1999 titulada *How We Became Posthuman* («Cómo nos volvimos poshumanos»), Hayles escribe lo siguiente:

«En lo poshumano, no hay diferencias esenciales ni demarcaciones absolutas entre la existencia corporal y la simulación informática, entre el mecanismo cibernético y el organismo biológico ni entre la teleología robótica y los objetivos humanos».

¿Es cierto que las fronteras entre los humanos biológicos y las simulaciones informáticas se han disuelto? Tal vez. ¿Dónde, por ejemplo, cree que tiene situados sus recuerdos? Hubo un tiempo en el que habríamos respondido que en la cabeza. Las redes sociales, sin embargo, han cambiado esta situación. Piense en los *timelines* de Facebook. En los *feeds* de Twitter. Esos sistemas recopilan fotografías, vídeos, mensajes y conversaciones. Ordenan toda

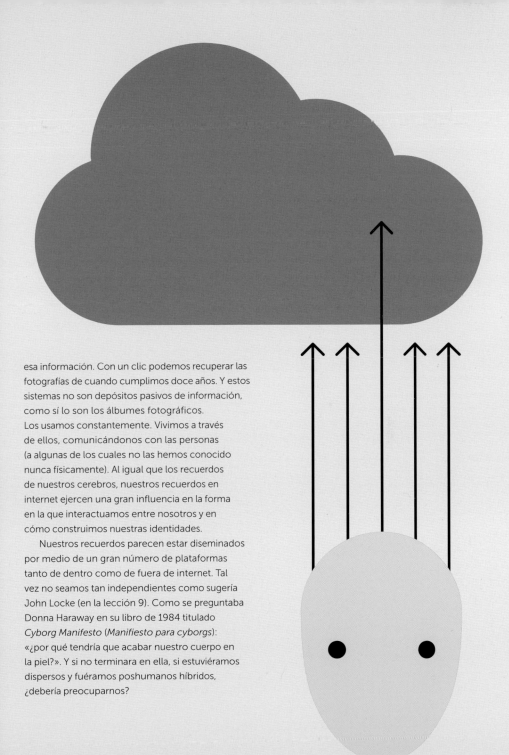

esa información. Con un clic podemos recuperar las fotografías de cuando cumplimos doce años. Y estos sistemas no son depósitos pasivos de información, como sí lo son los álbumes fotográficos. Los usamos constantemente. Vivimos a través de ellos, comunicándonos con las personas (a algunas de los cuales no las hemos conocido nunca físicamente). Al igual que los recuerdos de nuestros cerebros, nuestros recuerdos en internet ejercen una gran influencia en la forma en la que interactuamos entre nosotros y en cómo construimos nuestras identidades.

Nuestros recuerdos parecen estar diseminados por medio de un gran número de plataformas tanto de dentro como de fuera de internet. Tal vez no seamos tan independientes como sugería John Locke (en la lección 9). Como se preguntaba Donna Haraway en su libro de 1984 titulado *Cyborg Manifesto* (*Manifiesto para cyborgs*): «¿por qué tendría que acabar nuestro cuerpo en la piel?». Y si no terminara en ella, si estuviéramos dispersos y fuéramos poshumanos híbridos, ¿debería preocuparnos?

HERRAMIENTAS

17

Los miedos que experimentamos con el cine
de terror parecen contradecir la idea de que solo
podemos sentir temor de aquello que creemos
que existe. Nuestras respuestas emocionales a
la ficción pueden conllevar beneficios prácticos.
Punto de reflexión ¿No pasa nada porque
disfrutemos de representaciones ficcionales
de la violencia?

18

Según Hume, existen normas objetivas del gusto
que pueden identificar los «auténticos jueces».
De no existir estas, los jueces no serían más
que tiranos culturales.
Punto de reflexión ¿Es imposible mejorar
nuestras «sensibilidades estéticas» si no hay
normas objetivas del gusto?

19

Sea lo que sea la creatividad, parece haber un número mínimo de condiciones materiales que deben darse para que podamos actuar de forma creativa.
Punto de reflexión Si la creatividad implica la capacidad de considerar consciente y cuidadosamente lo que se esté creando, ¿pueden ser creativos los bebés?

20

Las consideraciones sobre la tecnología nos animan a cuestionarnos qué tipo de seres somos. Nick Bostrom sugiere que vivimos en una simulación. Donna Haraway nos anima a pensar que estamos diseminados por medio de plataformas de dentro y de fuera de internet.
Punto de reflexión ¿Qué tiene de «real» la vida «real»?

PARA
APRENDER MÁS

LECTURAS

Tarantino Unchained
Jelani Cobb, *The New Yorker* (2013)

Hip Hop and Philosophy: Rhyme 2 Reason
Derrick Darby y Tommie Shelby, eds.
(Open Court Publishing, 2005)

In Search of Our Mothers' Gardens
Alice Walker (Harcourt, 1983)

**El sentido del gusto: comida, estética
y filosofía**
Carolyn Korsmeyer
(Ediciones Paidós, 2002)

How We Became Posthuman
N. Katherine Hayles (University of Chicago
Press, 1999)

Manifiesto para cyborgs
Donna Haraway
(Episteme, 1995)

PODCASTS

«Fiction and the Emotions», Philosophy Bites
Con Kathleen Stock y Nigel Warburton. Philosophy
Bites es un fantástico recurso (¡gratis!) en internet
con entrevistas filosóficas.

AUDIOVISUALES

Get Out (*Déjame salir*)
Este impresionante filme de terror, dirigido
por Jordan Peele, resulta aterrador, entretenido
y es un poderoso examen fílmico de la teoría
crítica de la raza. Definitivamente, no se lo
puede perder.

Inglourious Basterds (*Malditos bastardos*)
Aunque no sea para todos los gustos, la aventura
de venganza de Quentin Tarantino en la Segunda
Guerra Mundial plantea interesantes cuestiones
sobre el papel de la violencia en el cine.

VISITAS

Brainwash Festival
Este festival anual en Ámsterdam es uno de los
puntos de encuentro filosóficos más interesantes
de los Países Bajos. Reúne a filósofos y teóricos
para abordar la discusión de temas antiguos
y nuevos. Se organiza en colaboración
con The School of Life.

EPÍLOGO

Y ya está: hemos llegado al final. A la conclusión. ¿Hacemos lo que suele hacer la gente en este momento, y concluimos? ¿O tal vez haya tiempo para un último pensamiento?

¿Qué es una conclusión? Es una oportunidad para resumir lo que se ha visto y aprendido. Es una oportunidad para que un autor complete un argumento y exponga lo que se infiera de sus diversas premisas. Es el lugar al que vamos a descansar después de todas las idas y venidas del texto, las objeciones y contraobjeciones, las tesis y antítesis. Una conclusión es un punto de llegada, un punto final, una declaración final de la propia postura... y como tal, está tangiblemente en desacuerdo con los objetivos de este libro, y de hecho, de la filosofía en general.

Hemos examinado una serie de interesantes, y a veces extrañas, ideas filosóficas. Escribir sobre ellas ha sido confuso −además de emocionante, irritante y perturbador−, así que me puedo imaginar lo que puede haber sido leerlas.

¿Le han provocado? ¿Le han hecho sentir incomodidad? Eso espero. ¿Ha estado de acuerdo con todas las ideas propuestas? Sinceramente, espero que no. Si es como yo, se habrá encontrado oscilando entre diferentes opiniones, balanceándose entre una postura y la siguiente. Y eso, creo, es parte de la clave de la filosofía. No dejar de cuestionar nuestra postura y probar distintas perspectivas.

No parece adecuado que un libro de filosofía termine con una conclusión, porque nunca hay ningún problema, rompecabezas ni paradoja al que no podamos añadir otra pregunta o confusión. Como dijimos al principio, la filosofía gira en torno a la obtención de respuestas, se trata de estar desconcertado y pensar de manera más profunda, y diferente. Y espero que sea eso lo que este libro le haya ayudado a hacer.

Así que terminemos con una lección aprendida de los clásicos de la serie B, y escribamos:

Fin...   ¿O NO?

«La filosofía significa estar en el camino.
Sus preguntas son más esenciales
que sus respuestas, y cada respuesta
se convierte en una nueva pregunta [...]».
Karl Jaspers

¿O NO?

BIBLIOGRAFÍA

Appiah, Kwame Anthony, *Cosmopolitanism: Ethics in a World of Strangers* (Norton, 2006)
— «Liberalism, Individuality, and Identity», en *Critical Inquiry*, 2001
Applebaum, Barbara, *Being White, Being Good* (Lexington Books, 2010)
Arendt, Hanna, *Eichmann in Jerusalem: A Report on the Banality of Evil* (Viking Press, 1963)
Bailey, Cathryn, *We Are What We Eat* (Hypatia, 2007)
Banyard, Kat, *The Equality Illusion* (Faber & Faber, 2011)
Beebee, Helen, «Women and Deviance in Philosophy», en *Women in Philosophy: What Needs to Change* (Oxford University Press, 2013)
Benatar, David, *Better Never to Have Been* (University Press, 2012)
Baron, Marcia, *The Moral Status of Loyalty* (Kendall/Hunt, 1984)
Berlin, Isaiah, «Two Concepts of Liberty» (Clarendon Press, 1958)
Bostrom, Nick, «Are We Living in a Computer Simulation?», en *Philosophical Quarterly*, 2003
Bourdieu, Pierre, *Masculine Domination* (Polity Press, 2001)
Brake, Elizabeth, *Minimizing Marriage: Marriage, Morality and the Law* (Oxford University Press, 2012)
Chambers, Clare, «The Marriage-Free State», en *Proceedings of the Aristotelian Society*, 134th Session, CXIII(2) (2013)
Cobb, Jelani, «Tarantino Unchained», en *The New Yorker*, 2013
Cohen, G. A., *If You're an Egalitarian How Come You're So Rich?* (Harvard University Press, 1996)
Cullors, Patrisse y Nguvu, Nyeusi, «From Africa to the US to Haiti, Climate Change Is a Race Issue», en *The Guardian* (https://www.theguardian.com/commentisfree/2017/sep/14/africa-us-haiti-climate-change-black-lives-matter)
Darby, Derrick y Shelby, Tommie, *Hip Hop and Philosophy: Rhyme 2 Reason* (Open Court Publishing, 2005)
Darwall, Stephen, «Two Kinds of Respect», en *Ethics*, 1977
Descartes, René, *Meditations on First Philosophy* (1641). Accesible por medio de Gutenberg Project

Edelman, Lee, *No Future* (Duke University Press, 2004)
Eddo-Lodge, Reni, *Why I'm No Longer Talking to White People About Race* (Bloomsbury, 2017)
Fraser, Ian y Wilde, Lawrence, *The Marx Dictionary* (Continuum, 2011)
Fricker, Miranda, *Epistemic Injustice: Power and the Ethics of Knowing* (Oxford University Press, 2007)
Garvey, James, *The Ethics of Climate Change* (Bloomsbury, 2008)
Greene, Graham, «The Virtue of Disloyalty», en *The Portable Graham Greene* (Viking, 1973)
Gutmann, Amy y Appiah, Kwame Anthony, *Color Conscious: the Political Morality of Race* (Princeton University Press, 1996)
Halberstam, Judith Jack, *Female Masculinity* (Duke University Press, 1998)
Haraway, Donna, *The Cyborg Manifesto* (Georgetown University Press, 1984)
Harry, Jenny, correspondencia de, en Green, Joseph, «Jenny Harry later Thresher», en *Friends Quarterly Examiner*, 1914
Haslanger, Sally, *Resisting Reality: Social Construction and Social Critique* (Oxford University Press, 2012)
Hayles, N. Katherine, «Toward Embodied Virtuality», en *How We Became Posthuman* (University of Chicago Press, 1999)
Holmstrom, Nancy, 'Exploitation', en *Canadian Journal of Philosophy*, 1977
Hooks, Bell, «Class in the classroom», en *Teaching to Transgress* (Routledge, 1994)
Hume, David, «Of the Standard of Taste» (1757). Accesible por medio de Gutenberg Project
James, Susan, «Feminism in Philosophy of Mind: the Question of Personal Identity», en *The Cambridge Companion to Feminism in Philosophy* (2000)
Kant, Immanuel, *Grundlegung zur Metaphysik der Sitten* (1785)
King, Martin Luther, «Loving Your Enemies», (sermón, 1957) http://kingencyclopedia.stanford.edu/encyclopedia/documentsentry/doc_loving_your_enemies.1.html
Korsgaard, Christine, «The Right to Lie: Kant on Dealing with Evil», en *Philosophy and Public Affairs*, 1986

Korsmeyer, Carolyn, «Making Sense of Taste: Food and Philosophy» (Cornell University Press, 1999)
Langton, Rae, «Duty and Desolation», en *Sexual Solipsism* (MIT Press, 2009)
Leopold, Aldo, *For the Health of the Land* (Island Press, 2002)
Lewontin, Richard, *The Concept of Race*, en UCTV.TV (2004)
Livingston, Paisley, «Poincaré's "Delicate Sieve": On Creativity and Constraints in the Arts», en *The Idea of Creativity* (Brill Publishing, 2009)
Locke, John, *Essay Concerning Human Understanding* (1689)
Mahathera, Nyanatiloka, *Buddhist Dictionary* (Buddhist Publication Society, 1972)
Marcus, Ruth Barcan, «Moral Dilemmas and Consistency», en *The Journal of Philosophy* 77(3) (1980)
Mills, Charles, *The Racial Contract* (Cornell University Press, 1997)
Mosley, Albert, «A Defense of Affirmative Action», en *Contemporary Debates in Applied Ethics*, (Blackwell Publishing, 2005)
Murray, Robert, *Unknown White Male* (Shooting People Films, 2005)
Nussbaum, Martha, *The Therapy of Desire* (Princeton University Press, 1994)
Okin, Susan, «Mistresses of Their Own Destiny: Group Rights, Gender, and Realistic Rights of Exit», en *Ethics*, 2002
O'Neill, Onora, «Demandingness and Judgment» (2007)
Orr, Judith, *Marxism and Women's Liberation* (Bookmarks, 2015)
Pascal, Blaise, *Pensées* (1670). Accesible por medio de Gutenberg Project
Pitts, Jennifer, *A Turn to Empire: The Rise of Imperial Liberalism in Britain and France* (Princeton University Press, 2005)
Platón, *Ion* (380 a. C.). Accesible por medio de Internet Classic Archive
Puett, Michael, y Gross-Loh, Catherine, *The Path* (Simon & Schuster, 2016)
Radford, Colin, «How Can We Be Moved by the Fate of Anna Karenina?» (Proceedings of the Aristotelian Society, 1975)

Rooney, Phyllis, «Philosophy, adversarial argumentation, and embattled reason», en *Informal Logic*, 2010
Rorty, Amelie, «Relativism, Persons, and Practices», en *Relativism: A Contemporary Anthology* (Columbia University Press, 2010)
Rulli, Tina, «The Ethics of Procreation and Adoption», en *Philosophy Compass* 11(6), 2016
Shelby, Tommie, *We Who Are Dark* (Harvard University Press, 2005)
Shoemaker, Sydney, *Self-Knowledge and Self-Identity* (1963)
Shusterman, Richard, «The Scandal of Taste», en *The Philosophical Forum*, 1989
Sorabji, Richard, *Emotion and Peace of Mind* (Oxford University Press, 2000)
Spender, Dale, *Man Made Language* (Rivers Oram Press, 1980)
Taylor, Charles, «Explanation and Practical Reason», en *Philosophical Arguments* (Harvard University Press, 1995)
Tharoor, Shashi, «Britain Does Owe Reparations» (2015) https://www.youtube.com/watch?v=f7CW7S0zxv4
Twain, Mark (Samuel Clemens), «On Loyalty», en *Notebook* (Harper, 1935)
Walker, Alice, *In Search of Our Mother's Gardens* (Harcourt, 1983)
Woolf, Virginia, *A Room of One's Own* (Penguin, 1929)
Woollard, Fiona, «Mother Knows Best: Pregnancy, Applied Ethics and Epistemically Transformative Experiences» (2016), http://fionawoollard.weebly.com/mother-knows-best. html
Zack, Naomi, *The Ethics and Mores of Race* (Rowman & Littlefield Publishers, 2011)

CONSTRUIR +
LLEGAR A SER

DISEÑADO PARA HACER PENSAR

Comprender el comportamiento de las personas ayuda a mejorar nuestras capacidades comunicativas y a juzgar mejor la motivación de los demás.

La creciente velocidad de la comunicación hace que sea más importante que nunca entender los sutiles comportamientos que subyacen a las interacciones diarias. Rita Carter analiza los signos que revelan los sentimientos e intenciones de las personas y explica cómo influyen en las relaciones, en las multitudes e incluso en el comportamiento de la sociedad. Aprenda a usar las herramientas de influencia de los líderes y reconozca los patrones fundamentales de comportamiento que dan forma a nuestro modo de actuar y comunicarnos.

Rita Carter es una galardonada escritora médica y científica, conferenciante y moderadora de programas en televisión que está especializada en el cerebro humano: en lo que hace, cómo lo hace y por qué. Es autora de *Mind Mapping* y ha organizado una serie de conferencias científicas de carácter público. Vive en el Reino Unido.

COMPRENDA EL
COMPORTAMIENTO.
COMUNÍQUESE CON DESTREZA.

La filosofía es una de las mejores herramientas de las que disponemos para hacer frente a los desafíos del mundo contemporáneo.

Desde las filosóficas «habilidades interpersonales» hasta las preguntas éticas y morales sobre nuestras elecciones en cuanto al estilo de vida, la filosofía nos enseña a formularnos las preguntas adecuadas, aun cuando no tiene por qué contener todas las respuestas. Este libro, que cuenta con ejemplos extraídos de los grandes filósofos de la historia y de los pensadores actuales más pioneros, le enseñará a pensar de un modo profundo y distinto.

Adam Ferner ha trabajado en el ámbito filosófico académico tanto en Francia como en el Reino Unido, pero lo que más le gusta es la filosofía extraacadémica. Además de sus investigaciones académicas, escribe regularmente para *The Philosophers' Magazine*, trabaja en el Royal Institute of Philosophy y ejerce la docencia en escuelas y centros juveniles de Londres.

ABRA LA MENTE.
FILOSOFÍA PARA
LA VIDA CONTEMPORÁNEA

Vivimos más que nunca y, gracias a la tecnología, podemos alcanzar muchas más metas. ¿Por qué sentimos que tenemos poco tiempo? Valiéndose de los más recientes descubrimientos científicos y psicológicos, Catherine Blyth nos explica por qué el tiempo huye de nosotros y nos brinda las herramientas para recuperarlo.

Descubra por qué el reloj se acelera justo cuando queremos que vaya despacio, cómo manipular el tiempo y por qué todos erramos en su uso y su cálculo. Es posible vencer a los ladrones de tiempo. Restablezca su reloj corporal, reforme su rutina, aproveche el ímpetu y desacelere. Además de disfrutar más del tiempo, le permitirá usarlo de una forma más productiva.

Catherine Blyth es escritora, redactora y directora de programas de radio. Sus libros, entre ellos *The Art of Conversation* y *On Time*, se han publicado en todo el mundo. Escribe en publicaciones tales como *The Daily Telegraph*, *The Daily Mail* y *The Observer*, y ha presentado *Why Does Happiness Write White?* en Radio 4. Vive en Oxford (Reino Unido).

DEJE LAS PRISAS.
SEA MÁS PRODUCTIVO.

Nathalie Spencer expone los fundamentos científicos que explican nuestra idea, uso y gestión del dinero para permitirnos relacionarnos de un modo más sabio y grato con nuestras finanzas.

Desde el análisis de cómo las transacciones sin dinero en efectivo influyen en nuestros gastos y el desciframiento de los principios de por qué nos atraen las ofertas hasta la exposición de lo que significa en realidad ser un pronosticador eficaz, este libro revela cómo motivarnos para tener una mejor relación con el dinero y nos brinda herramientas esenciales con las que impulsar nuestro bienestar financiero.

Nathalie Spencer es científica conductual del Commonwealth Bank of Australia. Explora la toma de decisiones financieras y el uso de los conocimientos de la ciencia conductual para aumentar el bienestar económico. Antes de trabajar en el CBA, Nathalie lo hizo en el ING de Londres, ciudad en la que escribió regularmente para *eZonomics*, y en la Royal Society for the encouragement of Arts, Manufactures and Commerce, donde fue coautora de, entre otros títulos, *Wired for Imprudence: Behavioural Hurdles to Financial Capability*. Tiene una licenciatura en Comercio por la McGill University y una maestría en Economía Conductual de la Maastricht University. Nacida y criada en Boston, Estados Unidos, Nathalie ha pasado breves temporadas en Canadá, Alemania y los Países Bajos, y ha vivido en el Reino Unido durante más de tres años antes de mudarse a Australia, donde vive actualmente.

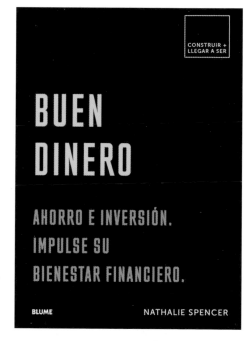

AHORRO E INVERSIÓN.
IMPULSE SU
BIENESTAR FINANCIERO.

Michael Atavar nos invita a abrir la mente, cambiar de perspectiva y dar rienda suelta a la creatividad. Cualquiera que sea su pasión, oficio u objetivo, este libro le guiará con destreza por el que camino que va desde la concepción de una idea brillante hasta su materialización, pasando por las delicadas etapas de desarrollo.

Aunque solemos tratar la creatividad como si fuera algo que no va con nosotros, de hecho, es algo de una increíble sencillez: la creatividad no es otra cosa que el núcleo de nuestro ser.

Michael Atavar es artista y autor de varios libros, entre ellos, cuatro dedicados a la creatividad: *How to Be an Artist*, *12 Rules of Creativity*, *Everyone Is Creative* y *How to Have Creative Ideas in 24 Steps: Better Magic*. También diseñó con Miles Hanson la baraja de cartas creativas «210CARDS». Da clases particulares, dirige talleres e imparte charlas sobre el impacto de la creatividad en individuos y organizaciones. www.creativepractice.com

INSPÍRESE.
LIBERE SU ORIGINALIDAD.

Gerald Lynch explica los desarrollos tecnológicos más importantes del mundo contemporáneo y examina su impacto en la sociedad y el modo en que en última instancia podemos servirnos de la tecnología para alcanzar todo nuestro potencial.

Desde los sistemas de transporte sin conductor que llegan a nuestras carreteras hasta los nanorrobots y la inteligencia artificial que lleva las capacidades humanas a sus límites, este libro presenta los conceptos tecnológicos más emocionantes e importantes de nuestra era, que le ayudarán a comprender mejor el mundo de hoy, mañana y las décadas venideras.

Gerald Lynch es periodista tecnológico y científico y en la actualidad ejerce de redactor sénior de la web TechRadar, dedicada a la tecnología. Anteriormente fue redactor de las webs Gizmodo UK y Tech Digest, y también ha participado en publicaciones tales como *Kotaku* y *Lifehacker*. Además, colabora con frecuencia como experto en tecnología para la BBC. Gerald formó parte del jurado del James Dyson Award. Vive en Londres.

PÓNGASE AL DÍA.
ACTUALICE SU FUTURO.

09
CONSTRUIR +
LLEGAR A SER

LOS NANORROBOTS

En el filme de 1966 titulado *Fantastic Voyage* (*Viaje alucinante*), los miembros de la tripulación de un submarino se reducen a un tamaño microscópico y se insertan en el cuerpo de un hombre enfermo con la intención de reparar un daño cerebral desde el interior. Aunque medio siglo después aún no hemos perfeccionado el rayo reductor, cada vez se explora más y se desarrolla de una forma activa la idea de emplear tecnologías diminutas dentro del cuerpo para mejorar la salud y ayudar en la recuperación en enfermedades y lesiones

La nanotecnología y el campo robótico asociado de la nanorrobótica examinan formas de usar la tecnología para influir en el cambio de la materia en la nanoescala. Para aportar un poco de perspectiva, un nanómetro (nm) es una medida que equivale a una milmillonésima parte de un metro, o 10^{-9} m. Un mechón de cabello tiene 100000 nm de ancho, mientras que la anchura de una molécula de agua no llega a 1 nm. Por lo tanto, la nanotecnología busca trabajar con precisión dentro de una escala fina mucho más allá de lo que los microscopios convencionales pueden ver, a un nivel en el que están en juego los componentes básicos de la vida.

No hay una sola forma de definir la nanotecnología ni un solo uso principal, pero el desarrollo de la nanorrobótica para el cuidado de la salud tiene beneficios inmediatos. Si podemos manipular moléculas a un nivel tan pequeño, o incluso a una escala algo mayor, será más fácil tratar y curar las causas fundamentales de las enfermedades.

Pensemos en la idea de un nanorrobot diseñado para trabajar dentro de un vaso sanguíneo. Aunque carezca de la tripulación humana de *Viaje alucinante*, la nave submarina del filme es un modelo sorprendentemente bueno de cómo se podría dar forma a un nanorrobot. Como si de un minúsculo torpedo se tratase, un nanorrobot podría viajar a través de un vaso sanguíneo, equipado con una carga en miniatura de medicamentos o un instrumental diminuto para realizar una cirugía con una precisión sin precedentes.

Insertado en un paciente dentro de una píldora biodegradable o por medio de una simple inyección, el nanorrobot podría propulsarse alrededor de las vías fluviales del sistema circulatorio con algún tipo de cola mecánica, como el flagelo que permite que las bacterias se muevan por el cuerpo. O bien, el robot podría utilizar la propia sangre del paciente para avanzar, generando un campo magnético con el que aspirar líquidos conductores, forzándolos a salir por medio de una bomba y creando una propulsión como la de una pistola de agua.

70

Un nanómetro (nm) equivale a una milmillonésima parte de un metro.

Un mechón de pelo tiene una anchura de 100000 nm.

El ADN tiene una anchura de 2,5 nm, mientras que la de las moléculas de agua es de 0,275 nm.

Dar con una fuente de energía cuyo uso resulte seguro en el cuerpo y que baste para llevar a cabo la tarea en cuestión dentro de un recinto tan pequeño es todo un desafío.

Tras barajar los sistemas de energía nuclear, fueron descartados, dado el peligro que representa la radiación para la estructura celular humana. Si se conectase el nanorrobot a una fuente de energía externa, limitaríamos su maniobrabilidad y aumentaríamos el potencial de daños internos al paciente. Una interesante alternativa es la de utilizar el propio cuerpo humano como fuente de energía, ya sea induciendo una reacción química entre el nanorrobot y la sangre del paciente para crear combustible, o equipando el nanorrobot con electrodos que puedan interactuar con los electrolitos que se encuentran naturalmente en la sangre para, así, crear una minibatería a bordo.

71

09
CONSTRUIR +
LLEGAR A SER

ENCOGER AL CIRUJANO

Como puede inferirse de lo dicho, los retos a los que se enfrentan los ingenieros en nanorrobótica son grandes, aunque el beneficio potencial de resolver estos problemas es aún más asombroso.

Pongamos el caso, por ejemplo, de un enfermo de cáncer. En función de la forma de cáncer contra la que esté luchando un paciente, puede que tenga que hacerle frente a una cirugía dolorosa y muy invasiva y a un programa de tratamiento debilitante. Ambos procedimientos tienen un gran impacto físico y emocional. Un nanorrobot podría trabajar dentro del cuerpo para cortar el tejido canceroso con una precisión minúscula a la vez que administraría los fármacos de una sesión de quimioterapia directamente en la fuente, en lugar de dejar en manos del sistema circulatorio conducirlos al objetivo previsto. Este enfoque podría reducir de forma considerable la dosis requerida y la duración de los tratamientos de quimioterapia.

A medida que las dietas occidentales se vuelven cada vez más excesivas, la profesión sanitaria tiene que lidiar cada vez más con los problemas que provoca la placa arterial. Las grasas tales como el colesterol se acumulan en las paredes de las arterias, lo que hace que se reduzca el espacio por el que viaja la sangre a través del cuerpo. Un diminuto nanorrobot podría hacer las veces de tuneladora dentro de las arterias y quitarles la grasa acumulada. Estos procedimientos, en lugar de requerir hospitalización, podrían incluso convertirse en tratamientos ambulatorios: tal vez el médico pudiera darnos una receta para que compráramos unos nanorrobots preprogramados en la farmacia y nos los tomáramos con un vaso de agua antes de las comidas.

Y todo esto sin considerar el potencial del trabajo en conjunto de los nanorrobots. Podría desplegarse un «enjambre» de nanorrobots con el que llevar a cabo varias tareas a la vez, conectados en red para lograr algo que un único nanorrobot no pudiera hacer: quizá enfrentarse a protozoos o incluso a gusanos relativamente grandes.

Pero ¿por qué detenernos aquí? El futurista Ray Kurzweil vislumbra un futuro en el que vivimos con nanorrobots dentro del cuerpo las 24 horas del día, los 365 días del año, trabajando junto a nuestro cerebro para hacer que estemos siempre al nivel máximo de diversión, inteligencia y productividad. Al conectarse de forma inalámbrica a los servicios de informática en la nube, podrían permitirnos interactuar con internet —y con otros seres humanos— de forma remota y a voluntad, con solo pensarlo. Aunque según Kurzweil esto comenzará de forma algo dudosa en las próximas dos décadas, no cuesta verlo como el objetivo de la nanorrobótica.

72

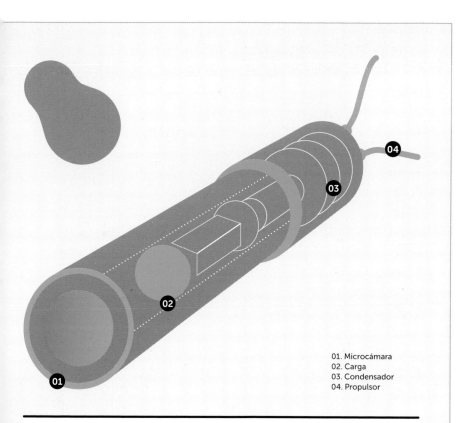

01. Microcámara
02. Carga
03. Condensador
04. Propulsor

Cada célula del cuerpo contiene una copia de nuestro código genético, conocido como genoma. Este cambia a lo largo de las generaciones, nos lo transmiten los padres y está hecho de ADN. Define nuestros rasgos y características, desde nuestra condición física hasta nuestra inteligencia. Gracias a que el genoma humano ya se ha secuenciado y descifrado, ha podido usarse para identificar algunos rasgos indeseables: las mutaciones causantes de enfermedades.

CRISPR-Cas9 es una herramienta que nos permite modificar esas secciones del ADN. Consiste en un par de moléculas creadas y utilizadas por los científicos para buscar fragmentos no deseados del ADN y extraerlos, ya sea dejando que el cuerpo se cure a sí mismo o insertando en su lugar una cadena de ADN de reemplazo. Si estas modificaciones se hacen en células reproductivas o embrionarias, los cambios se transmitirán de forma permanente, creando un nuevo código hereditario.

Estas técnicas de edición genética podrían ser fundamentales para curar enfermedades hereditarias. También tienen usos más polémicos: ¿podríamos (y deberíamos) utilizarlas para crear «bebés de diseño» o para modificar el ADN de criaturas dañinas para los humanos, eliminando especies enteras como los mosquitos portadores de malaria?

73